COLORER SA ViE AVEC 50 nuances d'archanges !

À propos de la collection ESOPRATIQUE

« La connaissance s'acquiert par l'expérience,
tout le reste n'est que de l'information. »
Albert Einstein

Selon le Larousse, l'ésotérisme se définit ainsi : « Partie de certaines philosophies dont la pratique devait rester inconnue des profanes. »

Et si l'ésotérisme n'était pas réservé à quelques initiés mais accessible et compréhensible par le plus grand nombre afin de permettre à chacun et chacune de s'ouvrir aux dimensions d'ordre spirituel pour les explorer, les ressentir, et ainsi évoluer sur le chemin de la vie, avec des clés de compréhension qui ouvriraient les portes de l'âme et de l'esprit ?

La collection *Esopratique* a pour vocation d'offrir aux lecteurs de tous âges, de tous milieux, initiés comme néophytes, la possibilité d'appliquer les concepts parfois ardus de l'ésotérisme à travers un travail personnel afin de les vivre et de les intégrer plus facilement au quotidien.

Chaque ouvrage de la collection nous invite à parcourir les points de vue d'auteurs de tous horizons. Redevenons un enfant émerveillé en suivant l'ouverture de conscience de très jeunes auteurs inspirés qui nous montrent le chemin avec un langage moderne, décalé, en utilisant l'humour comme un outil spirituel ! Mais aussi, suivons les enseignements de leurs aînés où l'expérience a forgé certaines convictions qui nous sont délivrées pour les expérimenter à notre tour...

La voie de l'ésotérisme est une voie personnelle d'évolution, alors qui que vous soyez, homme ou femme, dans la fleur ou la force de l'âge, en phase de découverte ou en chemin depuis longtemps, ouvrez chaque livre avec curiosité, prenez un temps pour vous recentrer, puis partez à la découverte de vous-même avec joie et enthousiasme...

Car c'est seulement dans cet état d'esprit que vous serez touché par un mot, une phrase, une idée, et que vous ferez de ces graines d'éveil, des fleurs de compréhension qui s'épanouiront au gré de votre parcours, de votre apprentissage...

Lisez, pensez, écrivez, ressentez, mais surtout, expérimentez, car seule l'expérience a valeur de connaissance...

Marina Bougaïeff

COLORER SA VIE AVEC 50 nuances d'archanges !

Manuel pratique

ÉDITIONS
EXERGUE

27, rue des Grands-Augustins
75006 Paris

DANS LA MÊME COLLECTION

- *Libérez le médium qui est en vous !* de Fabienne Bizet
- *Communiquer avec son ange gardien et kiffer sa vie !* de Marina Bougaïeff
- *Trouvez et réalisez votre mission de vie !* de Jenna Blossoms
- *Discuter (enfin) tranquillement avec les défunts* de Floriane Arzouni
- *Devenir chaman, même pas peur !* de Marianne Grasselli Meier

ISBN : 978-2-36188-301-0

www.editions-tredaniel.com
info@guytredaniel.fr
www.facebook.com/editions.tredaniel

Sommaire

Partie 3
ANNEXES

Partie 1

50 nuances d'archanges…

JUIN, SUISSE ROMANDE

Les paysages défilent, mon regard glisse sur la robe majestueuse du lac Léman. « Un jour, j'aurai une maison de vacances ici, chuchotai-je. L'air y est si pur, la nature si généreuse. Le temps s'arrête, je suis dans ma bulle, à la fois ici et ailleurs ». Cette bulle – espace non identifié dans ma tête – est un véritable sas de déconnexion. Elle est devenue ma meilleure amie au fil du temps ; elle me réconforte, m'apaise et me permet de rêver, surtout lorsque le monde matériel me paraît trop gras, trop lourd et quelque peu indigeste. Mais, aujourd'hui, la raison de cette bulle est tout autre... Je viens de vivre un moment merveilleux, ces trois derniers jours. Si je suis en Suisse, c'est parce que j'y ai animé un stage en co-création angélique avec un groupe de pépites *full love*. Ces stages sont une véritable bouffée d'oxygène, pour moi comme pour les participants. Nous œuvrons et écoutons les chuchotis de notre âme en activant nos « potes en ciel ». J'insiste sur ce terme, mais nous y reviendrons plus tard.

Je kiffe mon boulot, je kiffe ma vie, cette vie totalement créée en lien avec les énergies angéliques qui m'aident à me connecter à ma guidance intérieure. J'ai expérimenté, transformé et maintenant j'enseigne cela : *Hakuna Matata*.

Quand je pense au chemin parcouru depuis ces dernières années, *Uptown Funk,* de Bruno Mars, accompagne ma rétrospective... J'ai envie d'un Twix glacé... ou plutôt d'un mojito ! Les stages s'enchaînent, les transformations s'opèrent, les visages s'animent, et les cœurs font « boum, boum ». Je voyage, je partage, je vibre intérieurement, et mon âme danse la joie. La vie peut être si douce, si fluide, tout comme l'eau de ce lac qui se dévoile sous mes yeux. Je suis à ma place, enfin ! Je savoure ma bulle...

La voix de Jessica me ramène dans l'instant présent : « À quand ton prochain livre ? » Jessica est la nana qui a organisé ce stage en terre suisse, une âme pétillante, comme je les aime. *Communiquer avec son ange gardien et kiffer sa vie*[1], mon premier ouvrage, a suscité un véritable intérêt du public. J'adore transmettre par le biais de l'écriture, alors autant vous dire que j'y avais déjà pensé à ce deuxième opus. Mon prochain round est de rentrer dans le détail, de rendre accessibles et communes les énergies archangéliques, tout comme je le fais en stage, tout comme je l'expérimente dans ma vie. Simple, efficace et sans prise de tête. Je souhaite apporter une vision rafraîchie des archanges et de leur précieuse aide au quotidien. « Je vais parler des archanges, maintenant », lui lançai-je avec conviction. « J'ai besoin d'un titre qui donne le ton, j'ai demandé là-haut, comme d'hab' », ajoutai-je. Elle me regarde avec attention et me dit, l'œil rieur : « Et que penses-tu de *50 nuances d'archanges* ? » Nous éclatons de rire. Sacré Christian Grey, il en a réveillées des libidos encroûtées ! J'avoue, j'ai trouvé cette trilogie profondément cucul (c'est le cas de le dire !), tout comme le jeu d'acteurs au cinéma, mais là n'est pas le sujet. Ce titre, lui, a ricoché dans mon cœur, tel un galet sur le lac Léman ! Et ce n'est pas votre libido que je compte titiller, mes chères pépites, mais vos « potes en ciel » cachés. Parce que nous avons tous la capacité de nous

---

1. Marina Bougaïeff, *Communiquer avec son ange gardien et kiffer sa vie*, Éditions Exergue, 2018.

créer une vie extraordinaire, magique, en connexion avec le cœur, en lien avec notre âme et en co-création avec la *Light team*. Cette team, aux 50 nuances, nous aide à dessiner notre paysage intérieur – calque de nos besoins et désirs profonds. Tu as la farine, bébé ? La team t'aidera à trouver l'eau, pour que tu puisses constituer toi-même ta miche de pain ! Et sans gluten, qui plus est ! Je vous souhaite la bienvenue dans cet univers coloré, aux 50 nuances d'archanges…

À l'archange Gabriel, pour sa précieuse guidance...

Chapitre 1

Nos potes en ciel

Vu d'en haut, tout est beau. Je suis cette énergie sans limites ni contraintes dont le champ des possibles semble infini. Je suis ce que l'on appelle une « âme », qui traverse des espaces-temps – souvent incompréhensibles de là où je suis – et toutes sortes d'expériences afin de m'élever davantage. Je plane, je rayonne et je suis connectée au grand Tout. Un jour, je décide d'expérimenter les joies de la chair et de ses sens afin de mettre à profit l'ensemble de mes potentiels dans de la matière. Je me challenge et me promets de jouir pleinement de cette expérience unique qui m'est donnée. C'est fois-ci, c'est la bonne, j'en suis persuadée, on va tout donner, ma poule ! J'y crois à fond, car j'ai tout en moi, je suis le Tout !

C'est alors qu'en une fraction de seconde, j'intègre un corps, une famille, une histoire et toutes les limites que cela comporte. Je me sens un peu frustrée, tiens ! J'avais oublié que le processus d'incarnation est souvent douloureux, car limitant. Je me sens enfermée. Mes limites ? Elles deviennent instantanément nombreuses, car je rentre dans les carcans de l'éducation, des règles terrestres, des peurs de mes pairs, des croyances limitantes, des possibles et des impossibles. Je suis désormais vêtue d'une cape qui ne m'aide pas à m'envoler mais qui, au contraire, m'écrase la face contre terre, j'ai nommé : l'ego !

Je suis le grand Tout, certes, mais ici, je suis toute petite !

Le but du jeu – car il y en a tout de même un – est de retrouver la connexion à mon grand Tout et d'expérimenter tout ce que je suis, ici sur Terre.

J'ai tout en moi, absolument tout : écoute intérieure, connexion au cœur, capacité à m'exprimer, confiance en moi, intuition, créativité, amour inconditionnel, joie, gratitude, guérison..., j'en passe et des bonbecs. J'ai tous les boutons sur le tableau de bord de mon âme, mais certains d'entre eux se rouillent au fil des années qui défilent. On ne m'apprend pas forcément à les tourner, à les activer, et je ne sais comment le faire toute seule.

Je vais ainsi passer cette vie terrestre à porter ces potentiels que je ne soupçonne souvent pas, enfouis sous la cape de l'ego, telle une marmite prête à péter, mais dont on ne soulève jamais le couvercle, ou à dépouiller les différentes couches qui me sont tombées sur le coin du poireau, afin de retrouver ma pleine lumière.

Pour être honnête avec vous, j'ai gardé le couvercle bien scellé, toute la première partie de ma vie, me consacrant corps et âme à la plainte. Je ne voyais clairement pas l'intérêt d'être ici. La vie terrestre n'était, à mes yeux, que souffrance, injustice, incompréhension, limite. J'ai vogué dans les eaux de la désolation, de la victimisation et de la résignation. Pourtant, quelque chose au fond de moi me disait que ce n'était pas ça la vie, qu'il fallait que je regarde au-delà des apparences, plus haut que ce qui m'était montré. J'ai mis un certain temps à capter ce que cela pouvait bien signifier. J'ai donc poussé différentes portes – dites « spirituelles » – afin de voir si ma longue-vue s'éclairait. Tout un périple ! *Pepito mi corazon...*

Puis, un jour, j'ai vu la Vierge ! Non, j'déconne ! Mais c'était tout comme ! J'ai eu une prise de conscience, un ressenti particulier, la sensation d'être soutenue, guidée et profondément aimée. La conviction profonde que tout a un sens, que tout est connecté, que tout est cause à effet, s'est imposée à moi. Je suis reine de mon destin, je crée en tout temps, je suis responsable de ma vie ! OK, il me faut maintenant les outils pour œuvrer, pour décrotter les couches limitantes, pour me reconnecter à tout ce qui est déjà présent en moi. Je veux activer mes super-pouvoirs ! Cette bascule créatrice a tout changé, j'ai laissé les plaintes derrière moi, j'ai regardé tout ce charabia terrestre « d'en haut » et je l'ai utilisé pour avancer, apprendre et me transformer. Dans la foulée, j'ai compris que tout un tas d'énergies œuvraient de là d'où nous venons tous, de la *casa* céleste, afin de nous aider à activer les boutons de notre tableau de bord. Punaise, je ne suis donc pas obligée de trouver la notice toute seule pour activer les rouages (#dansedelajoie) ! C'est du pain béni de comprendre cela, on se sent vachement moins seul, et ça fait du bien ! Des énergies, nous en avons des milliers au service de notre bien-être, telles des boîtes à outils bien remplies, on prend celui dont on a besoin. Je les vois comme des super-pouvoirs nous permettant d'activer nos potentiels. C'est en cela que le terme « pote en ciel » prend tout son sens. Dans cette pépite d'ouvrage, nous parlerons des outils archangéliques dont nous disposons pour se créer une vie en accord avec nos besoins d'âme. Je me suis plongée dans leur expérimentation afin de façonner chaque trait de ma vie. Si j'ai besoin de plus de créativité, je demande à l'archange Gabriel d'activer mon bouton. Si j'ai besoin d'y voir plus clair sur une situation, je demande à l'archange Raziel d'éclairer ma conscience. Si j'ai besoin de guérir d'une blessure émotionnelle, je demande à l'archange Raphaël de me montrer le chemin pour y parvenir. Et je suis le chemin qui m'est indiqué. Ce ne sont là que des exemples, bien sûr, et je vais veiller à vous développer cette caverne d'Ali Baba archangélique de manière accessible, pour que vous puissiez également déployer vos divines ailes en toutes situations, en fonction de vos propres boutons. À chaque situation, son archange ; à chaque obstacle, son super-pouvoir. Toutes ces énergies nous permettent de comprendre, de nettoyer, de créer ou d'agir. Elles nous aident à nous rapprocher chaque jour de cette lumière sans limites ni contraintes que nous sommes. Vive le grand Tout, reconnectons-nous, nous en avons besoin, le monde en a besoin ! Et ainsi, vivons au rythme de la magie de la vie.

Chapitre 2

Magie angélique

Ça semble bien magique, toute cette histoire d'archanges, je vous l'accorde. D'ailleurs, quand on commence à co-créer avec eux, on s'attend presque à ce que tout se fasse tout seul, comme par magie. « Gérard, donne-moi du pain »... et le pain apparaît sur la table... La blague ! Je ne suis pas là pour vous vendre du rêve, les pépites. Rien n'est magique. La magie, c'est tout simplement l'âme qui agit (l'âme-agit). Quand on suit le chemin de son âme, tout devient beaucoup plus simple, plus fluide, et les différentes étapes pour atteindre un objectif se dessinent naturellement. Alors, forcément, dans ce monde terrestre relativement gras et difficile, laisser agir son âme s'est transformé en un état presque magique ! Tu m'étonnes ! En réalité, l'abondance – au sens large du terme – est un processus tout à fait normal pour notre âme. Normal, car elle a tout, elle est tout, son tableau de bord clignote à fond les ballons. Le téléphone de Cloclo pleurait, et nous, c'est notre âme qui pleure de vivre souvent déconnectée de ses potentiels !

Alors, posons de bonnes bases afin de ne pas se fourvoyer : nos potes en ciel archangéliques vont permettre à notre âme d'agir en la reconnectant à ses super-pouvoirs, en activant le fameux tableau de bord et ses boutons. J'insiste sur le terme

« agir », car c'est nous qui agissons, pas eux ! Notre âme a un corps, c'est pour passer à l'action, rien ne se crée le cul sur le canapé !

Les archanges en tant qu'énergie vont soit nous aider à lever les voiles de l'ego et ouvrir la porte de notre conscience, soit nous montrer le chemin qui est bon pour nous, soit activer nos ressources pour que nous puissions acter de manière alignée et recevoir les cadeaux. On part souvent de l'activation d'un super-pouvoir, et c'est tout le processus général qui est lancé !

En clair, les 3 phases traversées pour atteindre « l'âme-agit », ça donne ça :

1. Le dépouillement de l'ego : process pas très agréable et relativement flippant. Je compare cela au fait de péter la coquille d'un œuf dur. On est confronté à ses limites personnelles, à ses croyances limitantes, à ses peurs, aussi. En gros, ton âme te dit : « Regarde la merde dans laquelle tu t'es enlisé ! », « Regarde, et transforme tout ce qui n'est pas toi ! »
2. Le vide : face au grand Soi, à poil, on s'observe et on apprend à se découvrir pour de vrai – pas en fonction de ce que les autres nous disent ou pensent, mais en fonction de soi. Pas simple, penser et être par soi-même demandent de prendre ses responsabilités et d'en assumer les conséquences. Alors viennent les questions existentielles, du style : qui suis-je ? De quoi ai-je envie ? Quels sont mes véritables besoins ? Etc. C'est l'inconnu… Ça fait peur ! Cette phase nous demande de « tester » des choses, car connaissance et confiance naissent de l'expérimentation.

3. La ré-création : on commence à créer à sa façon, et c'est fun ! C'est « l'âme-agit » !

Les énergies archangéliques nous font traverser 1, 2 ou 3 phases ; cela dépend, bien évidemment, du thème concerné et de là où on en est sur son chemin d'évolution. Parfois, ça coince, et on se tape les trois phases, parfois, c'est fluide, et on est direct en phase 3. Accepter le chemin est « essence-ciel ». Gardez bien cela en tête pour comprendre les états intérieurs qui vous traverseront par moments, en travaillant avec un super-pouvoir archangélique. Et accueillez !

Un chapitre, un archange, un super-pouvoir activé pour que « l'âme-agit » puisse prendre place dans votre vie.

Mais avant cela... poursuivons notre introspection, il est essentiel de poser les fondations !

Chapitre 3

Sésame, ouvre-toi

Je suis face à cette porte, temple de mon âme, caverne d'Ali Baba, sans concessions, car tout, absolument tout ce qui se trouve à l'intérieur me permet de traverser cette vie terrestre dans la jouissance de l'incarnation. Les énergies archangéliques activent en moi les boutons développant mes potentiels et me permettent d'ouvrir cette porte. Mais quel est donc ce doux murmure ? Mon âme chante, mais j'ai souvent peine à entendre sa mélodie et à me laisser porter par son tempo. Je résiste, tel un pantin qui manque de coordination. La dualité entre ce que mon âme souhaite vivre et ce que mon ego a englouti au fil des expériences est mon plus grand frein. Je dois en avoir conscience et apprendre à lâcher du lest. Rien n'est grave, tout est expérience, tout est fait pour se reconnecter à ses pleins pouvoirs.

La vie est un jeu pour mon âme. N'en faisons pas des caisses. J'ai envie d'appeler mon mental « Jérôme », et mon âme « Pénélope ». Jérôme utilise des repères purement terrestres pour se frayer un chemin. On a souvent dit à Jérôme que la vie était compliquée, qu'il fallait travailler dur et ne compter que sur soi pour avancer. Jérôme suit le plan prédigéré par ses ancêtres et la conscience collective. Dans le meilleur des cas,

Jérôme décide de tout prendre en main et de contrôler chaque action posée afin de ne pas se planter, de ne pas souffrir. Dans le pire des cas, il laisse la balle au voisin, douce résignation. Mais, dans les deux cas, il sent que tout a une limite, qu'il ne peut pas faire ce qu'il veut, qu'il doit s'adapter et faire avec. Quand les choses ne se passent pas comme Jérôme les a prévues, il pète un câble ! La vie est un jeu, Jérôme l'a oublié.

Pénélope, elle, utilise des repères intérieurs pour se frayer un chemin. Les « on doit » et « il faut », elle s'en tape le coquillard ! Elle prend le temps de s'écouter avant de valider si le choix fait sens pour elle ou pas. Pénélope n'attend pas de ses pairs quelconque validation, car elle sait que chaque âme emprunte son propre chemin et que ce qui est bon pour Gérard ne l'est pas forcément pour Jean-Mich' ! Elle se laisse porter par le *flow* et agit en fonction. Elle ne décide pas du « comment les choses doivent se passer », elle reste seulement connectée à ses besoins et veille à les faire respecter. Pour le reste, elle fait confiance au grand Tout, car elle sait que le plan la mène toujours vers une meilleure version d'elle-« m'aime ». Elle expérimente, apprend et transforme. La vie est un jeu, et Pénélope adore jouer !

Vous l'aurez compris, c'est le *big fight* entre Jérôme et Pénélope ! Nous allons devoir apprendre à dealer et à co-créer avec cette dualité présente en chacun de nous. Discernement !

Si, à l'heure actuelle, vous souhaitez vivre une vie pleine de kifs, vous n'avez clairement pas le choix, c'est Pénélope qu'il va falloir apprendre à suivre – résistance ou pas. Si vous souhaitez co-créer avec les énergies archangéliques, c'est également à elle que vous allez devoir vous fier, car toute résonance se passe dans la caverne d'Ali Baba ! Notre corps est cette p****n de machine que notre âme a décidé d'investir pour faire l'expérience de la vie sur Terre, du coup, les énergies archangéliques vont également utiliser cette « makina » pour révéler nos potentiels : ressentis exacerbés, émotions en tous genres, pensées inspirantes et répétitives, boîte à rêves, intuition, petite voix qui chante et qui chante une direction, image grisante qui s'impose à nous, idées venues de nulle part, mais qui font « boum, boum » dans la caverne. On appelle ces différentes portes d'entrée « clairvoyance », « clairaudience », « clairsentience » ou « clairconnaissance »... Ce ne sont, selon moi, que des mises en lumière (c'est bien pour cela que ça s'appelle « clair ») de ce que la « makina » perçoit, ressent, entend de la petite voix ou sait déjà au fond d'elle ! Ni plus ni moins ! Rien de magique, juste de l'écoute active de son véhicule. Toutes les réponses sont en nous. Quand Jérôme ferme sa boîte à camembert, son odeur nauséabonde n'a plus d'impact sur nos repères intérieurs.

Il est toutefois difficile d'apprendre à se faire confiance : confiance en une idée inspirante, confiance en ce que l'on sent bien et bon pour soi, confiance dans le fait de ne plus prendre l'autoroute, pour dessiner, soi-même, un sentier beaucoup plus fun. La confiance naît de l'expérience et se gagne avec le temps. Donc patience et expérimentation – *step by step*. Et n'oubliez pas, la vie est le terrain de jeu de notre âme. Rien n'est grave, rien n'est figé, tout est expérimentation et croissance, pour Pénélope.

Chapitre 4

Wifi céleste

Lorsque je souhaite installer Internet à la maison, je dois passer par différentes étapes : identifier l'opérateur avec lequel je souhaite collaborer, en faire la demande, installer ma box et ses identifiants, et connecter le tout.

Lorsque nous souhaitons établir une communication avec nos potes en ciel, le processus diffère peu, et nous pourrions résumer cela à une recette relativement simple en théorie, mais qui va nous demander un peu de pratique pour la maîtriser.

1. J'identifie mon besoin : chaque situation de vie traversée nous demande d'identifier un besoin afin de pouvoir y répondre et ainsi la traverser de la meilleure façon qui soit. Je peux avoir besoin de positionnement, de pensées positives, de créativité, d'acceptation, de pardon, de libération émotionnelle, d'empathie, de compréhension, de lâcher-prise, de confiance... un vrai chapelet de saucisses cocktail. Les besoins se trouvent à l'intérieur de nous, et non à l'extérieur. J'insiste sur ce point. Identifier ce qui nous manque pour avancer dans telle ou telle sphère de vie est essentiel, car comment pourrions-nous obtenir les bons outils si nous ne savons pas ce dont nous avons besoin ? J'observe et je mets les choses à plat, en toute conscience et sans jugement.

2. Je demande de l'aide à mon pote en ciel : une fois le besoin identifié, je m'adresse à lui. Pour ce faire, inutile de se poser des questions à tire-larigot, laissons cela à Jérôme. Pénélope, elle, sait que sa demande est toujours entendue, car elle est soutenue par son équipe lumineuse. Demandez dans votre tête, à voix haute, ou par écrit si cela est plus simple pour vous. L'idée étant d'être au clair avec son cœur et de dire ce que l'on souhaite recevoir, en fonction de ses besoins.
3. Je crée un espace de réception : souvent, Jérôme prend toute la place. Il nous fatigue à cancaner en permanence. Il a un peu l'effet de ces personnes qui accaparent toute une discussion sans que nous puissions en placer une : exaspérantes ! Nous allons donc faire taire en douceur Jérôme pour laisser Pénélope s'exprimer. Pour cela, nous devons « casser » nos petites habitudes « vélomoteurs » et prendre un peu de temps pour soi, pour « être », et non « faire ». Sortir impérativement du « faire ». Quand je fais sans réfléchir, j'entraîne Jérôme avec mes « je dois » et « il faut ». Quand je ne fais pas et que je me pose en toute conscience, par le biais de la méditation, de balades dans la nature ou d'activités créatives par exemple, eh bien, je crée un espace de réception, et Pénélope peut enfin pousser de la corde vocale.
4. Je reçois l'aide de mon pote en ciel : espace de réception créé, la place est faite, je peux enfin y voir plus « clair » – clairvoyance, clauraudience, clairsentience et clairconnaissance –, j'ai juste à observer, en conscience, ce qui vient à moi de manière répétitive. Il s'agit peut-être d'une émotion, d'une idée, d'une envie, d'une action à poser...

Rien ne presse, je ne suis pas à la minute, j'observe les échos qui se font à l'intérieur de moi, les heures qui suivent, les jours qui suivent, les semaines qui suivent ma demande. Tout se passe dans mon véhicule, absolument tout ! Je peux noter mes feelings afin de conscientiser les répétitions et ainsi décider du bon itinéraire pour moi.

5. Je garde bien à l'esprit que rien ne se créera sans que j'y engage une action ! La notion de responsabilité de son incarnation et de ce que l'on en fait est omniprésente. Nous sommes tous venus nous réapproprier notre responsabilité et nos pleins pouvoirs. Victimes et « pouvoirs » n'existent pas. Dans cette perspective, il semble logique que personne, ni même nos potes en ciel, n'agisse à notre place. Nous obtenons des aides, des pistes, des chemins à suivre, des convictions, des doses d'énergie, des lumières dans nos zones d'ombre, des dépouillements, etc. Derrière, nous sommes les seuls à pouvoir agir pour transformer les choses. Ils activent notre GPS, mais c'est nous qui conduisons la bagnole. Ne l'oublions pas !
6. Je persévère : si j'ai l'impression de ne pas « recevoir » de réponse, c'est que Jérôme est encore trop présent et fait de la résistance (#jaipeur). Il n'y a pas d'âme oubliée, jamais. Alors, je demande et je demande encore, mon besoin premier étant peut-être de trouver une technique pour claquer le baigneur à Jéjé !

Rappel : quand je pose une question à un pote en ciel, la réponse va me parvenir de différentes manières, de manière « claire » :

1. Par le biais de ma boussole émotionnelle : une émotion est une information précieuse sur ce qui est bon pour moi et ce qui ne l'est pas. Si une émotion semble gagner en volume à la suite de l'activation d'un pote en ciel, je n'ai qu'à m'écouter pour entendre son message. « Allô, colère ? Que souhaites-tu me dire, STP ? »
2. Par le biais d'idées répétitives, venues de « nulle part » : je ne réfléchis pas, et ça tombe comme un cheveu sur la soupe de mes pensées. Cette idée s'impose à moi. Cette idée fait « boum, boum » chez Pénélope, elle la soulage, lui donne du pep's dans les guiboles et de la joie dans le cœur.
3. Par le biais d'une pensée m'invitant à explorer de nouveaux sentiers, à procéder différemment de ce que je fais habituellement. Je garde en tête que, quand je souhaite transformer un gâteau, je dois en modifier la recette, sinon j'obtiendrai toujours le même *fuc***g cake*.
4. Par le biais d'une synchronicité : quelque chose me fait « hellooooo, you » dans mon environnement. Je ressens cet écho avec Pénélope et je me dis qu'il n'y a pas de hasard !

Quand ça vibre, c'est que Pénélope danse, quand ça crée un malaise, c'est que Jérôme a ouvert la boîte à camembert ! Je me dois donc, en chaque situation, de prendre de la hauteur et d'observer les faits d'en haut, dépourvus de mes propres peurs et de tout type de jugement. Discernement, encore !

Que faire des signes extérieurs ?

***

Plumes, cœurs et synchronicités.

Lorsque nous demandons un peu d'aide à la *Light team*, nous devenons de véritables détectives en quête de preuves extérieures. Nous avons passé notre vie à absorber, de « l'extérieur », quoi faire et qui être. Nous sommes conditionnés et dépendants de l'avis et du regard des autres.

Alors, quand il s'agit de prendre des décisions par soi-même, on se sent aussi frêle qu'un canari sortant de sa coquille. La peur de se faire écraser, telle une vulgaire crotte, est très présente. Et si je me plante ?

Pénélope souhaite prendre son indépendance et faire des choix « connectés », mais Jérôme attend patiemment qu'on lui dise de manière ultra-claire ce qui est bon pour lui, avec un taux de réussite à 100 %, *of course*. Pour ma part, je ne suis pas sûre de faire confiance à une plume sur mon pare-brise pour me lancer dans cette formation à 10 000 balles, quitter Gérard ou partir vivre en Australie ! Bah non ! Pourquoi ? Parce que les convictions naissent à l'intérieur de soi, et non à l'extérieur ! L'extérieur est un soutien, une mise en lumière, ni plus ni moins. Nous devons apprendre à sortir du schéma « Y'a forcément quelqu'un qui sait mieux que moi ce qui est bon pour moi ! » Nous sommes les seuls à savoir, et la team nous aide à accéder à ce savoir, à le mettre en lumière, en nous offrant la clé de cette indépendance, du « choix par soi ». Notre âme est venue s'autoriser à déployer, en toute authenticité, sa propre lumière, et, dans cette ambitieuse quête, personne, même la *Light team,* ne nous dira quoi faire. Elle appuiera seulement sur les boutons pour nous guider et nous orienter dans le grand bain. C'est à nous de prendre des décisions, et c'est ainsi que l'on se sent profondément connecté avec son âme. Je remarque que lorsqu'une question nous taraude, nous demandons, certes, mais nous induisons mentalement la direction que devrait prendre la réponse, à notre sauce et comme ça nous arrange. Il nous est très difficile de rester neutre quant au chemin qui est bon pour nous, car Jérôme, lui, voudrait bien que le chemin se dessine de telle ou telle manière. C'est rassurant.

Je me souviens d'une amie qui, après une rupture sentimentale, demandait aux anges si son « homme » allait revenir. Elle me disait voir des cœurs partout, ce qui était « signe d'un prochain retour », selon elle. Hum... très bien, mais, finalement, son « homme » s'est fait la malle à 3 000 bornes et n'est jamais revenu ! Trahison angélique ? Bien sûr que non ! Son désir égotique était que son mec revienne, et, inconsciemment, elle s'est mise à chercher – pour ne pas dire scruter et surtout trouver – tous les signes extérieurs qui pouvaient la conforter dans l'idée des futures retrouvailles ! Si je cherche des cœurs, je vois des cœurs ! Il nous suffit d'être enceinte ou de vouloir l'être pour ne voir que des nanas avec « l'habitacle rempli » ! Cela s'appelle de la sélection de l'information en fonction du contenu de notre esprit. Mon attention va là où est mon intention. Le cerveau humain fonctionne ainsi. Alors surtout, les pépites, gardez bien ces deux notions en tête :

- Misez sur la neutralité : on ne sait jamais ce qui est vraiment bon pour soi, on se laisse porter sans forcer, connecté à soi. On demande et on lâche prise. Un vrai détective envisage toutes les possibilités pour faire son enquête.

- La conviction est un état intérieur. Vous êtes les seuls à savoir au fond de vous ce qui est bon pour vous. Si vous pensez recevoir un signe « extérieur », faites le parallèle avec votre cœur. Est-ce que cela résonne ? Quel est l'écho de ce signe en vous (celui du cœur, et non du mental, hein ?). Est-ce que tous les feux intérieurs sont verts ?

C'est ainsi que l'on co-crée avec les énergies angéliques ! (#perfectteam)

Chapitre 5

Affiner sa connexion

Je demande, je reçois – tel est le principe, la règle d'or. M'enfin, certains jours, je demande, mais… je ne reçois absolument pas ! Impossible de voir la lumière dans ce trou d'obscurité intérieur ! Est-ce que la *team* est en vacances ? Y a-t-il du boudin dans l'air ? Silence radio, *peanuts* sur la fréquence !

Dans le chapitre précédent, nous avons vu qu'il y avait différentes étapes pour mettre en place notre wifi céleste. J'ai tout de même envie de vous apporter quelques clés à intégrer dans la mallette de votre conscience.

1. Il existe de nombreuses dualités entre ce que Jérôme veut et ce que Pénélope veut ! Notre tête peut nous dire d'aller dans telle direction, *drivée* par ce qu'elle pense être bon de faire, et notre cœur, lui, souhaite peut-être aller dans une autre direction. Et parfois, c'est flou, on ne sait pas. Identifiez en tout temps votre besoin : besoin de paix, besoin de simplicité, besoin d'y voir clair, besoin de joie, besoin d'amour, besoin de temps pour soi, besoin de se libérer, besoin de changer d'air, besoin de voyager… Nous avons tous des besoins, et si vous avez du mal à savoir si c'est Jérôme qui souhaite se la péter (je veux un max de flouz) ou Pénélope qui veut simplement danser, demandez-vous pourquoi ce besoin est important pour vous ! Est-ce que l'idée de répondre à ce besoin vous apporte joie et bien-être profond (#coeurquibat) ? Si la réponse est « oui », vous êtes dans la bonne direction ! Les archanges ne peuvent activer nos potentiels que lorsque nous sommes au contact du cœur, de ce qui est cher à notre âme et fait vraiment sens pour elle. Si vous avez la sensation de ne pas recevoir de réponse, c'est que votre besoin de cœur n'est peut-être pas clairement identifié. Identifiez-le et reformulez votre question. Puis, n'oubliez pas : la vie est un jeu, et notre âme souhaite jouer – il n'y a pas de mauvais choix, au fond !

2. Je demande, je n'exige pas ! Lorsque j'exige, je pars du principe que je sais ce qui est bon pour moi : « Rendez-moi Patrice, je ne peux pas vivre sans lui ! » Lorsque je demande, je pars du principe que l'univers sait ce qui est bon pour moi : « Aidez-moi à bien vivre sans Patrice et à aller vers ce qu'il y a de mieux pour moi ! » Vous voyez la différence ? Dans le premier cas, je contrôle. Dans le second, je lâche prise et m'en remets à la *team* ! On en revient à ce qui a été développé dans le premier point, j'identifie mon besoin de l'instant : Patrice s'est barré, je suis triste, je souhaite bien vivre cette situation !
3. Tout le monde peut communiquer avec les archanges et entendre leurs messages. Nous avons tous cette part de spiritualité en nous, qui ne demande parfois qu'à être activée. Pour moi, cette activation ne résulte pas d'exercices « haut perchés », mais seulement d'une écoute attentive de notre

véhicule, de ce qui se passe en nous. Et ça s'apprend, cela demande de sortir de nos anciens schémas qui sont souvent très « robotisés-lobotomisés » et de prendre du temps pour soi. Si je ne me regarde pas, si je ne prends pas le temps d'observer ce qui se joue chez moi, je ne risque pas de recevoir ou, du moins, de conscientiser ce que je reçois.

4. Quand j'ai la tête sous l'eau, impossible de voir le ciel, c'est logique ! Il nous est souvent nécessaire de dépouiller le superflu – tout ce qui nous « encombre » et n'a finalement pas lieu d'être pour notre bien-être. En m'allégeant de certaines émotions ou « lourdeurs » du quotidien, je vole plus facilement. En sortant la tête de l'eau, je peux enfin toucher les étoiles ! Les émotions dites « négatives » (= qui nous plongent dans le *big bad*) ne nous permettent pas d'entendre, de voir ou de sentir ce qui est bon pour nous et, donc, d'être en connexion avec nos potes en ciel. Libérez, les amis, libérez, et vous constaterez que tout devient plus évident !
5. Partez du principe que votre demande est toujours entendue, car c'est le cas ! Vous devez avoir confiance en cela et ne pas chercher à absolument obtenir une réponse ! La réponse arrive toujours au bon moment et sous une forme que vous n'envisagez peut-être pas encore. Il est donc inutile de lutter ou de vouloir contrôler, cela augmente simplement la frustration de Jéjé ! Si vous souhaitez, par exemple, trouver une nouvelle maison, que vous en faites la demande mais que rien ne se passe, il se peut que ce ne soit pas le bon moment ni même la vraie priorité de votre âme ou que vous

ne cherchiez pas au bon endroit (car Jérôme a décidé que c'était ici, et non là). Il est nécessaire de rester ouvert à toutes les éventualités, de ne pas s'enfermer dans ses critères et donc… de lâcher prise ! Je visualise instantanément l'arc-en-ciel : la vie n'est pas que noire ou blanche, il y a un infini panel de couleurs et donc de possibilités. Tout est pour le mieux vu d'en haut, soyez-en certain. Nous avons la loupe, ils ont la vision panoramique !

Chapitre 6

Exemples de co-création

Cathy

Cathy rêve de trouver le grand amour ! Des hommes ? Elle en a connus, Catoche, une alternance d'histoires passionnelles et de gros bides sentimentaux ! Alors oui, Cathy rêve de trouver l'amour, mais elle ne sait clairement pas où il se cache. De plus, elle a peur : peur de retomber dans d'anciens schémas, peur de revivre cette trahison qui l'a tant fait souffrir, peur de se planter une fois de plus ! Après avoir écumé les sites de rencontres et les soirées entre amis où « on te présente le seul célibataire de la bande », Cathy désespère, peut-être que l'amour n'est pas fait pour elle, finalement !

Puis, un jour, Cathy, qui en a ras-le-bol d'être seule et qui sent ce profond besoin de partager, demande à l'archange Michaël de lui montrer le chemin : « Archange Michaël, montre-moi ce que je dois faire pour rencontrer l'homme qui me convient. » Une idée lui vient : acheter un petit carnet dans lequel elle pourra nourrir, chaque jour, ce projet 100 % *love*, en y notant ce qu'elle attend d'une relation, sa vision du couple, de l'homme parfait pour elle, etc. Cathy est en joie, la petite Pénélope semble danser en elle ! Tout en remplissant son carnet, elle ressent une certaine nostalgie, par moments, sûrement la peur de ne jamais trouver. Cathy a besoin de renforcer sa conviction dans le fait que cet homme existe, elle le sait ! Elle demande donc à l'archange Michaël de la libérer de ses peurs. Le soir, assise devant *Coup de foudre à Notting Hill*, Cathy ressent le besoin d'écrire dans son carnet et de chialer un bon coup ! Ouais, elle en a marre de voir des « coups de foudre » alors qu'elle se sent si seule. Elle éteint la télé et se met à écrire, écrire pour se libérer, écrire pour s'alléger, écrire pour être face à ses plus grandes peurs ! 4 pages et 30 Kleenex plus loin, Cathy se sent mieux et s'endort paisiblement. Le lendemain matin, reboostée, elle sent qu'elle doit maintenant guérir son cœur, il a été trop blessé, par le passé. Elle se rappelle ce post lu sur Facebook, la veille, il parlait des blessures de cœur, et ça avait résonné en elle. Elle demande donc à l'archange Raphaël, cette fois-ci, de lui montrer le chemin : « Archange Raphaël, montre-moi comment guérir mes blessures de cœur pour que je puisse rencontrer le bon. » Oups, c'est l'heure de son jogging avec sa copine Mylène ! Elle n'a pas trop envie, là tout de suite, mais elle sent que se défouler lui fera du bien. Elle enfile ses baskets et trace à toute blinde dans sa Clio ! Mylène a la patate, aujourd'hui, elle revient d'un voyage à Los Angeles avec Thibault, son mec ! Durant son périple, elle a rencontré une nana qui organisait des stages sur le féminin sacré. Cathy ne connaît pas du tout le « féminin sacré », ça semble intéressant. Sous la douche post-jogging, Cathy repense à cette histoire de féminin sacré, et ça passe, aussi vite qu'une glace en plein été.

Sortie de la douche, Cathy s'installe devant son ordi, un petit check Facebook s'impose, curiosité oblige. Dans son fil d'actualité, un post sur le féminin sacré apparaît ! « C'est dingue ! » pense-t-elle ! Elle ne connaissait pas le principe deux heures auparavant ! Elle lit le post, et bim, ça résonne quand même grave cette histoire ! Il est vrai que, dans sa dernière relation, la déesse intérieure de Cathy a grave morflé, elle s'était plus sentie dénigrée qu'adulée. Oui, elle en est persuadée, ce genre de stage lui ferait du bien ! Elle en trouve justement un à deux heures de chez elle. Elle contacte l'enseignante, il reste une place ! Génial, c'est très certainement la sienne, pense-t-elle ! Un mois plus tard, Cathy se sent bien plus épanouie ! Elle a fait son stage, elle s'est libérée et sent que quelque chose a changé en elle. Elle poursuit l'écriture dans son petit carnet et se dit qu'il est temps de refaire un tour sur les sites de rencontres, elle est prête, maintenant ! Cathy y passe l'aprèm ; les quelques discussions amorcées finissent en eau de boudin. Elle est déçue, vraiment déçue… « Allez, lâche prise, Catoche, semaine prochaine, tu reprends la salsa et tu retrouves tes copines, c'est déjà positif ! Puis, crotte alors, t'as pas besoin d'un mec, là tout de suite, pour être heureuse ! » Elle formule tout de même une demande, au passage : « C'est quand vous voulez, les gars ! » (au diable, les formes).

Une semaine plus tard, entre deux pas de mambo, sa copine Sophie lui parle de la soirée karaoké de samedi soir. Cathy déteste le karaoké ! Sophie insiste, Cathy refuse, c'est *has been* ! Le jour J, Sonia, une copine d'enfance de Cathy qui vit en Norvège, appelle. Elle est en France pour quelques jours et se rend le soir même... à la soirée karaoké ! Cathy se réjouit fort de voir Sonia. Tant d'années sont passées, et peu importe si c'est une soirée karaoké ; ce qui met Cathy en joie, c'est de revoir Sonia !

Entre Céline Dion et Claude François, les discussions vont bon train ! Cathy est heureuse avec ses amies ! Elle a soudainement envie de faire pipi, la bière fait effet. Cathy va aux toilettes, la porte des toilettes femmes est bloquée, elle insiste, rien à faire. Euphorie faisant, elle file chez les hommes, personne ne le saura. En rentrant dans les toilettes, elle croise le regard d'un homme qui, l'air étonné, ne peut s'empêcher de lui faire une blague. Il s'agit de Jean-Marc (mais elle ne le sait pas encore). Cathy sourit. Après un long pipi, Cathy va fumer sa clope dehors, Jean-Marc est là, ils se sourient à nouveau, et la discussion commence. C'est pas vraiment son style d'homme, mais il est sympa. Quinze jours plus tard, Cathy et Jean-Marc entamaient leur histoire d'amour.

Fred

Fred a le blues de la lose. Cela fait cinq ans qu'il bosse dans sa boîte pour des cacahuètes, et il en a ras-le-bol. Fred est commercial en région parisienne. Originaire de Carcassonne, il est monté sur Paris après ses études, car « on » lui a dit que toutes les grandes carrières débutaient dans la capitale, que c'était *THE place to be* pour réussir ! Au début, Fred a aimé ce changement de vie, mais, peu à peu, une certaine morosité s'est installée en lui. Le cassoulet lui manque, le soleil et la chaleur du Sud lui manquent, ses amis à l'accent chantant lui manquent. Mais que faire ? « On » dit que c'est tellement la dèche dans le sud de la France, niveau taf...

Chaque matin, Fred part au boulot, la boule au ventre, et, comme chaque jour, il subit... Il subit les plaintes de Sylvie, la secrétaire frustrée, il subit les mécontentements des clients, et subit les objectifs foireux et surréalistes de son chef. Il conçoit son job comme de l'ennui en barre, agrémenté de pépites de stress. Fred craque intérieurement et file tout droit vers le burn-out, il le sait. Son corps et son âme tirent la sonnette d'alarme depuis plusieurs mois déjà. Un vendredi soir, à bout de nerfs, Fred regarde le ciel gris d'Orly et peste contre X : « Punaise, mais y a-t-il quelqu'un là-haut pour m'aider, bordel ? » Sans le savoir, Fred a envoyé une missive à son équipe lumineuse !

Le lendemain matin, il se rend dans une librairie pour acheter un cadeau d'anniversaire à sa nièce ! Il erre dans les rayons, et son regard se pose sur le livre *Communiquer avec son ange gardien et kiffer sa vie*[1], de Marina Bougaïeff. « Encore un truc de perché ! », se dit-il. Il trouve tout de même la couverture fun, ça change de tous ces trucs cathos ! Et puis il y a un chat dessus, et il adore les chats. Personne ne le regarde, il met le livre dans son panier... sait-on jamais. Arrivé chez lui, il lance une machine, passe l'aspi, change la litière du chat... « Bah ouais, dans cette vie de kifs, le samedi, c'est intendance », se dit-il avec sarcasme. Ah, le livre ! Elle parle de « kiffer sa vie »,

---

1. Marina Bougaïeff, *Communiquer avec son ange gardien et kiffer sa vie*, *op. cit.*

la gonzesse ! Fred pose ses fesses sur le canapé et feuillette les premières pages. Quelque chose se passe en lui... Il n'avait jamais pensé au fait d'avoir une équipe lumineuse à son service, prête à l'aider. Cette idée le met en joie, en grande joie, même ! Trois heures plus tard, Fred décide de faire ses premières demandes, après tout, ce n'est peut-être pas un hasard, ce livre sur son chemin, dans cette période de vie où il se sent au bout du tube. « Si j'ai un ange, qu'il me dise quoi faire pour me sentir mieux dans ma vie ! Merci. » Fred allume la téloche pour accompagner son plateau fromage du soir. Il tombe rapidement sur un reportage : « La vie des Français dans le sud de la France »... (pincement au cœur). Il zappe... : *Danse avec les stars*, beurk. Il zappe... : l'Olympique de Marseille joue contre le Real de Madrid, il n'a jamais compris l'engouement des gens pour le foot. Il zappe... : une pub pour le cassoulet... (pincement au cœur). Il zappe... : Gilbert Montagné chante *Sous les sunlights des tropiques* sur MCM..., ça lui rappelle cette petite boîte de nuit à Aigues-Vives – le bled de sa tante... (pincement au cœur). Il éteint la télé.

Fred appelle sa mère et, après trente minutes de discussion, il décide de descendre sur Carca', le week-end suivant ! Ça lui fera du bien ! Cette perspective le met en joie. Sa semaine se passe plutôt bien, il est ravi d'aller voir famille et amis, de prendre un petit week-end rien que pour lui... au soleil ! (#bouffféedairfrais)

Une fois sur place, il remarque que sa mère, Françoise, a le livre « sur les anges » ! C'est dingue ! Ils échangent tous les deux sur le sujet. Françoise est calée en trucs du genre, il savait sa mère un peu « décalée », mais, finalement, il n'avait jamais prêté attention à sa vision. Fred se rend compte que jusque-là il n'a regardé que son nombril et que ça ne l'avait pas rendu spécialement heureux. Il se sent honteux, mais soulagé de s'en rendre compte. Françoise, quant à elle, est ravie de cette curiosité naissante. Elle lui explique qu'elle demande souvent à l'archange Michaël de l'aider, car c'est une sorte de *body-guard* angélique qui peut débroussailler tous les sentiers. Fred demande donc à Michaël de débroussailler son chemin...

De retour sur Paris, c'est une véritable chape de plomb qui s'abat sur Fred... Rien ne va plus. Il sent ses volumes intérieurs proches de l'insupportable. C'est évident, il ne peut plus, il ne veut plus de cette vie-là. Mais comment faire ? Trop peur de se retrouver sans travail, comme un pauvre paumé de la vie ! « Michaël, aide-moi... »

Entretien annuel, au boulot. Remonté comme un coucou suisse, Fred se dit qu'il doit en parler au boss, même si c'est flippant... Il se sent poussé à exprimer sa détresse intérieure, comme une urgence ! A-t-il le droit de ? Il doute... Non, il doit le faire, ça le pousse au derrière. *Help*, Michaël ! Son chef apprécie son honnêteté et lui parle d'un poste qui s'est libéré en interne, sur... Toulouse ! *Damned*, c'est à côté de Carcassonne ! En une fraction de seconde, le cœur de Fred fait une triple boucle piquée ! Il sent l'adrénaline monter en lui et saisit l'occasion ! Yes, merci, Michaël, je ne l'aurais jamais su si je n'avais été poussé à en parler ! Dans les trois mois qui ont suivi, Fred a quitté Paris pour retrouver le soleil de sa région natale. L'ami d'un ami lui a même trouvé un appartement... Comme quoi, quand on fait un pas vers soi, la vie nous ouvre ses bras !

Chapitre 7

Vision décalée et univers archangélique

Dans les chapitres à venir, vous allez découvrir l'univers des archanges. Je parle ici d'univers, car mon intention est que vous puissiez ressentir, à travers mes lignes, l'énergie véhiculée par l'archange concerné – bien plus qu'une liste de spécificités.

Tout ce qui va suivre relève de ma vérité personnelle et de mon expérience. Je ne prétends pas détenir la vérité, je vous partage simplement la mienne.

Il existe de nombreux ouvrages sur les archanges, et je ne souhaitais clairement pas paraphraser ce qui a déjà été dit à leur sujet. Quel en serait l'intérêt ?

Durant ces dernières années, j'ai misé sur mon expérimentation et les changements induits ou apportés dans ma vie afin de valider, ou pas, ce que j'ai pu lire et apprendre. Rien ne vaut l'expérience. Certains descriptifs archangéliques vont donc très certainement dénoter avec ce que vous avez pu lire par le passé. Je ne remets là rien en question, je vous partage simplement ma vision. Prenez ce qui fait écho en vous et laissez de côté ce qui ne résonne pas. C'est ainsi que l'on crée ses convictions personnelles. Tous ces partages ont été écrits avec cœur et bienveillance ; je me suis laissée guider par les différentes énergies archangéliques pour en faire ressortir leurs saveurs. Vous remarquerez que chaque archange a son énergie qui lui est propre, son univers personnel.

Vous pouvez utiliser cette pépite d'ouvrage de différentes manières, soit en vous référant au sommaire – afin de trouver le pote en ciel qui est bon pour vous, à l'heure actuelle –, soit en ouvrant le livre « au pif » – en demandant à travailler avec votre archange du moment. Si vous souhaitez lire dans les règles de l'art, au fur et à mesure, soyez simplement attentif à vos ressentis. Un univers archangélique résonnera très certainement plus qu'un autre en vous. Ne cherchez pas à savoir si c'est « bon » pour vous ; quand ça fait « boum, boum », c'est que ça l'est !

Je vous souhaite de merveilleuses découvertes.

Partie 2

Co-créer avec mes potes en ciel

Chapitre 8

Archange Michaël
le *bodyguard*

SUPER-POUVOIRS

Protection - libération - bien-être au quotidien

MANTRA

« Je suis en sécurité ! *I can do it!* »

Garde du corps du royaume angélique, l'archange Michaël est le pote en ciel qui active, chez Pénélope, son sentiment de sécurité intérieure ! Pénélope se sent ainsi libre de danser en hauts talons, même sur des pavés mouillés !

Nous évoluons dans un système où tout, absolument tout, nous pousse à avoir peur : peur d'entreprendre, peur d'être trahi, jugé, lynché, rejeté, abandonné, mal-aimé. Peur des autres, peur de soi. Peur de ne pas savoir ou de ne pas bien faire. Peur d'avoir peur. Peur de finir vieux, moche et pauvre, dans une cabane, avec, pour seule compagnie, des fourmis. Jérôme en jubile presque et se noie dans ses fantasmes sordides.

L'énergie de Michaël nous aide à nous reconnecter à notre intériorité qui, elle, ne craint absolument rien, car elle a tout – *Sunshine in your heart* – en décrottant les limites issues de l'ego !

Il agit donc sur la sphère du « Je peux le faire », et peu importent les contre-arguments de Jérôme, car nous avons tout en nous pour nous créer une vie en mode *easy baby*.

Sacré Jérôme, tu as toujours le don d'exagérer et d'envisager le pire !

LA SÉCURITÉ EST À L'INTÉRIEUR DE SOI, ET NON À L'EXTÉRIEUR

Quand je fais appel à mon pote en ciel Michaël, je me sens telle Whitney Houston dans le film *Bodyguard*, je sais que Kevin Costner est là pour veiller sur moi et que rien ne peut m'arriver. Kevin, il est en moi, et n'y voyez pas là un propos malsain, bande de coquins !

Une image me vient, celle de Pénélope qui prend Jérôme dans ses bras, comme le ferait une mère avec son enfant pour le réconforter, pour le rassurer et l'aider à déployer ses ailes. Jérôme se sent écouté et chouchouté, ses inconforts s'envolent peu à peu. N'oubliez pas : avec Michaël, on mise sur le « Je ne crains rien, je suis en sécurité, *I can do it!* »

Il veille donc à développer notre intégrité, qu'elle soit physique, mentale ou émotionnelle. J'insiste sur le terme « intégrité », car, en étant bien avec moi-m'aime, je le suis également avec les autres ! Tout se joue à l'intérieur de moi. C'est un pote en ciel très holistique ! Il dégage le « limitant » (personnes, pensées, émotions), dans le respect de notre espace personnel, nous aide à nous positionner pour notre bien-être et développe en nous cette lumière que nous appelons souvent « protection ». Telle une lampe frontale, elle éclaire même dans les nuits les plus sombres ! En résumé, avec l'énergie de l'archange Michaël, on nettoie ce qui n'a plus lieu d'être, ce qui est lourd en nous et à l'extérieur de nous. On purifie notre bulle de bien-être personnel et on installe le pouvoir de la conviction, étroitement lié à la sécurité intérieure qui l'anime ! *I can do it!* Il est donc bon d'œuvrer avec cette énergie, chaque fois que vous vous sentez « pollué », perdu, effrayé, dans le brouillard, intoxiqué, limité, abusé ou insécurisé.

PETIT TOP'HAUT SUR LA PROTECTION

J'ai souvent entendu dire qu'il fallait apprendre à se protéger énergétiquement et que, pour ce faire, nous pouvions visualiser cette grande bulle de lumière dans laquelle nous pourrions traverser notre journée, comme Tortue Géniale sur son nuage. L'idée de me protéger de tout m'a toujours dérangée et, pour être honnête avec vous, je ne la trouve pas très cohérente. Nous sommes confrontés à un sacré paradoxe ouverture-fermeture. D'un côté, je cherche à m'ouvrir à moi-même (= aime-moi), à me reconnecter à mes super-pouvoirs, à mes potentiels, à la vie, aux autres, car nous ne sommes qu'Un ici sur Terre. Je recherche cette connexion au cœur, à mon âme, à Pénélope, je suis venue ici pour ça, en fait. Puis, de l'autre, je cherche à me protéger de tout et de tout le monde comme si je craignais quelque chose, comme si je devais mettre en place une défense. C'est pas très « cœur », ça, quand même ! Point de logique, selon moi.

Les plus belles histoires d'amour se vivent quand les cœurs sont prêts à se livrer et non quand ils se protègent. Valable dans toutes les sphères de notre vie !

N'oubliez pas, les pépites : la sécurité est à l'intérieur de soi, et non à l'extérieur.

LE MESSAGE DE MICHAËL

« Chère lumière. Il est important, par les temps qui courent, de vous reconnecter à votre force vitale qui est tout, qui peut tout, qui est capable de tout. Arrêtez de vous protéger dans vos bulles de lumière, arrêtez de vous couper du monde, arrêtez d'avoir peur de tout et de tout le monde ! En réalité, vous n'avez pas besoin de protection, car vous détenez la plus grande des forces intérieures : votre lumière ! Cette lumière se nourrit de l'amour que vous vous apportez en tant qu'âme incarnée, dans le respect et l'estime de votre propre valeur ! L'obscurité n'existe pas à l'extérieur de vous, elle existe simplement en vous par le biais de vos peurs ! Votre monde extérieur n'est que le reflet de votre vision intérieure, et non l'inverse. Les peurs sont issues du mental, elles créent des failles laissant entrer des énergies similaires. Tout est aimant, tout est loi d'attraction. Lorsque vous cesserez d'avoir peur, lorsque vous cesserez de nourrir ces mauvaises graines, vous laisserez place à votre lumière ! Une seule étincelle de lumière rend inexistant le concept d'obscurité ! Vous n'avez pas à combattre le « mal », vous avez simplement à développer votre lumière intérieure, et je suis là pour vous y aider, je suis le symbole de la sécurité ! Mon énergie vous sera très utile pour développer et amplifier la lumière d'amour qui se trouve dans votre cœur. Si tout votre Être brille de cette intense lumière, plus rien ne pourra vous atteindre ! »

Visualisation pour activer sa lumière intérieure avec le pote en ciel Michaël

Fermez les yeux et prenez une grande respiration. Portez votre attention dans votre espace personnel, au niveau du chakra du cœur, conscient de la position de votre corps, de votre respiration et des battements de votre cœur.

Faites quelques respirations, en conscience, pour laisser le calme s'installer en vous. Puis, demandez à l'énergie de l'archange Michaël d'allumer votre lumière intérieure, celle qui dissipe les ombres et augmente vos vibrations d'âme. L'énergie de Michaël se branche telle une prise qui illumine instantanément votre chakra du cœur. Cette lumière grandit au rythme de votre respiration jusqu'à irradier chacune de vos cellules. Prenez quelques instants pour ressentir et visualiser cette lumière, partout en vous et tout autour de vous.

Ouvrez les yeux et répétez à voix haute la phrase suivante :

« Je brille pleinement, je suis en sécurité et je suis aimé. Je suis connecté à l'énergie de l'archange Michaël, et tout est parfait ! »

On inspire, on expire, et on poursuit sa journée !

TR'ANGES DE VIE
Quand et comment faire appel au pote en ciel Michaël ?

QUELQUES EXEMPLES...

Dans chacune de ces situations, rappelez-vous qu'il est essentiel de se poser et de créer un espace de réception. On ne demande avec le cœur qu'en prenant le temps de se connecter à lui ! Fermez les yeux, respirez et laissez-vous guider. Faites-vous confiance, toutes les réponses sont en vous !

JE SUIS FACE À UN ENVIRONNEMENT NÉGATIF, ET CELA A UN IMPACT SUR MON ÉTAT INTÉRIEUR

Exemple : « Tout le monde se plaint, au boulot ! Les gens passent leur temps à se tirer dans les pattes, et l'ambiance y est très *bad vibes.* »

J'active mon pote en ciel : « Archange Michaël, augmente ma lumière intérieure et mes *good vibes* afin de préserver la qualité de mon espace personnel. Aide-moi à vibrer positivement ; que cette énergie coule en moi et se répande tout autour de moi. Merci. »

Conseil

Prenez le temps de visualiser cette lumière grandir en vous et tout autour de vous. Installez un sourire intérieur et soyez certain que rien ne viendra le déstabiliser. Pour vous aider, vous pouvez demander à l'archange de vous donner une image ou une pensée que vous pourrez activer chaque fois que vous aurez besoin de faire grandir votre lumière intérieure.

Notez-la ici : ....

....

JE ME SENS « VAMPIRISÉ » PAR QUELQU'UN

Exemple : « Ma copine Cécile ne parle que d'elle et me téléphone de longues heures pour me raconter ses problèmes, comme si j'étais une poubelle à vomi. J'en ressors lessivé, j'ai plus un pète d'énergie ! »

J'active mon pote en ciel : « Archange Michaël, merci de m'aider à délimiter mon espace bien-être afin qu'il ne soit plus pollué. J'apprends à me positionner dans les mots et dans les actes afin de préserver mon énergie vitale. Montre-moi le chemin. Merci. »

Je note ici les idées et/ou prises de conscience qui viennent à moi suite à ma demande :

....

....

J'AI BESOIN DE ME SENTIR EN SÉCURITÉ PHYSIQUEMENT

Exemple: «Je suis en voiture, et il a neigé. Je ne me sens pas très en sécurité, car la route est glissante.»

J'active mon pote en ciel: «Archange Michaël, permets-moi d'entourer de lumière ma voiture afin que nous arrivions à bon port. Les dangers se dissipent, et la confiance s'installe. Je suis en sécurité ici et maintenant! Merci.»

Notez ici les situations de vie dans lesquelles vous vous sentez en insécurité afin d'entourer de lumière et en conscience chacune de ces situations:

....

....

....

....

....

....

....

....

....

MES PEURS PRENNENT LE DESSUS ET M'EMPÊCHENT D'AGIR

Exemple: «Je souhaite me mettre à mon compte et vivre de ma passion. Mais j'ai peur: peur d'échouer, peur de ne pas gagner d'argent, peur d'être jugé, peur de perdre mon petit confort Peur, quoi, bordel!»

J'active mon pote en ciel: «Archange Michaël, aide-moi à me libérer de mes peurs et de toutes les limites de mon ego. Permets-moi de me connecter à ce qui fait vraiment sens pour moi. Donne-moi force, courage et conviction pour passer à l'action et avancer sur le chemin du cœur. Merci.»

Je note ici les peurs qui me paralysent et j'active mon pote en ciel:

Cher Archange Michaël,
Je te remercie de me libérer de...

....

....

....

....

....

....

....

JE VIS UNE SITUATION DIFFICILE ET J'AI BESOIN D'UN SACRÉ COUP DE BOOST

Exemple : « Je viens de me faire larguer par Jean-Luc. Tout mon univers s'en trouve chamboulé. Je plane entre tristesse et colère et je n'arrive pas à sortir la tête de l'eau ! »

J'active mon pote en ciel : « Archange Michaël, aide-moi à activer ma lumière intérieure afin de libérer ma colère et ma tristesse. Montre-moi le chemin pour y parvenir et permets-moi de retrouver paix et confiance. Libère-moi, libère-mooooooiiiiiii ! Merci. »

Je note ici les idées et/ou actions qui viennent à moi les jours suivant ma demande afin de retrouver ma lumière (ex. : sport-nature-dessin-amis-livre-films-méditation-sorties…) :

....

....

....

....

....

....

....

....

JE VIS UNE ÉMOTION DITE « NÉGATIVE »

Exemple: «La colère s'empare souvent de moi! Un mot, un geste et c'est toute la marmite intérieure qui explose! Je sens que quelque chose est activé en moi, mais je ne sais pas quoi, ni comment, faire pour m'en libérer.»

J'active mon pote en ciel: «Archange Michaël, aide-moi à mettre de la lumière sur cette émotion afin de m'en libérer. Permets-moi de l'accueillir et d'entendre ce qu'elle a à me dire afin de la libérer. Merci.» (À faire chaque fois que l'émotion monte.)

Je note ici les idées qui viennent à moi les jours suivant ma demande:

....

....

....

....

....

....

....

....

....

JE PORTE LES SÉQUELLES D'UNE RELATION D'ÂME À ÂME

Exemple: «Quand j'étais petite, je n'avais pas de très bonnes notes à l'école. Mon père me répétait souvent que je n'étais pas assez intelligent, que je ne valais rien. Aujourd'hui encore, à 53 ans, ces mots résonnent toujours en moi et je me sens facilement bête en société. J'ai pourtant fait de grandes études, et ma bibliothèque est bien remplie.»

J'active mon pote en ciel: «Archange Michaël, merci de venir couper tous les liens énergétiques toxiques qui se sont créés durant l'enfance avec mon père. Je demande à être libéré du poids de ses mots et de retrouver ainsi mon plein potentiel. Je prends conscience de ma valeur et de mon intelligence. Merci.»

Conseil

Mettez-vous au calme, faites quelques respirations et visualisez la personne en face de vous, ainsi que les liens «toxiques» qui vous lient! Faites votre demande à l'archange et, à votre guise, envisagez chaque lien se dissiper, disparaître ou se rompre.

Vous pouvez faire cette demande, plusieurs jours d'affilée, jusqu'à ce que vous ressentiez de la légèreté en vous lorsque vous pensez à cette personne. N'oubliez pas: certains liens sont des troncs, et il va falloir s'en donner à cœur joie pour les rompre définitivement.

N.B.: couper les liens toxiques n'enlève en rien les liens d'amour avec la personne.

MON ESPRIT TOURNE À FOND LES BALLONS

Exemple: «Je ne peux m'empêcher de réfléchir, d'anticiper et de tout prévoir. Quand j'ai une idée, je la décortique dans tous les sens et je me fatigue moi-même. Mon mental tourne en non-stop, tire à droite puis à gauche. Je suis pollué par mes propres pensées.»

J'active mon pote en ciel: «Michaël, aide-moi à calmer la voix du mental. Libère-moi de ces pensées parasites afin que je puisse entendre la voix du cœur, sans leurre. Je souhaite me sentir en paix dans ma tête. Montre-moi le chemin pour y parvenir! Merci.»

Je me note ici un mot doux, afin de calmer le mental, de lui demander de se taire! C'est moi le chef:

....

....

....

....

....

Conseil

Imaginer un bouton «volume» que l'on peut baisser avec l'aide de Michaël, lorsque les pensées sont trop abondantes.

Exemple : « En ce moment, je sens que les énergies, chez moi, ne sont pas au top ! Je ne peux pas l'expliquer de manière rationnelle, mais l'atmosphère de mon appartement est lourde. Il est vrai que j'ai traversé pas mal de disputes avec Jean-Luc dans cet appartement, les murs sont comme imprégnés de ces mauvaises ondes ! »

J'active mon pote en ciel : « Archange Michaël, merci d'éclairer de ta lumière chaque mur de mon appartement afin de le nettoyer de toutes formes d'énergies stagnantes et limitantes. Je demande que la paix et la légèreté s'installent entre ces murs. Merci. »

Conseil

Prenez le temps de visualiser une lumière blanche ultra-purifiante dans tout votre appartement, pour accompagner votre demande ! Vous pouvez également « peindre » les murs de lumière, par la magie de l'intention.

Dans chacune de ces situations, les réponses de notre pote en ciel peuvent nous inviter à poser certaines actions pour libérer, nettoyer ou faire respecter son espace bien-être. Soyez à l'écoute, observez les synchronicités, les idées inspirantes qui s'imposent à vous ou toutes formes d'écho prenant place dans vos pensées ou dans la matière. Puis agissez. N'oubliez pas : nos potes en ciel nous montrent le chemin à suivre, et c'est à nous, ensuite, de le prendre, afin de transcender tout ce qui ne nourrit pas le grand Soi !

Chapitre 9

Archange Raphaël
le docteur

SUPER-POUVOIRS
Guérison - ouverture du cœur

MANTRA
« La guérison est en moi ! »

L'archange Raphaël est le pote en ciel qui active, chez Pénélope, son pouvoir de guérison grâce à l'ouverture du cœur. Chaque âme incarnée a cette capacité à guérir, au sens large du terme, et son rayon curatif s'appelle l'« Amour », avec un grand A. Par l'amour que je me donne, je suis capable de guérir mes différents corps énergétiques. Les interférences presque constantes de Jérôme créent différents malaises en nous, tant sur le plan mental qu'émotionnel. Ces interférences, si elles ne sont pas conscientisées et transformées sous les *sunlights* de l'amour, finissent par se matérialiser à l'extérieur, sur notre corps, notre véhicule. Il vous suffit d'observer le nombre de fois où votre corps a développé un symptôme à la suite d'une contrariété. Votre âme vous souffle le chemin du *love*, mais Jérôme n'en fait qu'à sa tête = désamour = mal-a-dit.

Nous déployons une énergie folle à nous imposer un tas de trucs relous, anti-*love*, par principe ou que sais-je, le champ des obligations que l'on nourrit est vaste. Nous nous flagellons la plupart du temps, et notre corps finit par exprimer le désarroi de notre âme.

L'énergie de l'archange Raphaël nous aide à nous recentrer sur le cœur, et amplifie l'énergie d'amour qui est présente en chacun de nous. Par cette ouverture du cœur, nous guérissons les différents maux de notre âme et pouvons ainsi nous sentir en bonne santé, plein de pep's, et donc... dans notre pouvoir créateur. Raphaël nous aide à conscientiser la source de nos maux pour que nous puissions rectifier le tir en nous donnant du *LOVE*.

L'AMOUR « GUÉRITOUT »

Quand j'active mon pote en ciel Raphaël, je me sens bercée dans un cocon de bien-être, comme reconnectée à moi (#cavernedalibaba). Il fait chaud, là-dedans, c'est moelleux ! Raphaël m'aide à trouver mes solutions « bien-être » au quotidien pour faire grandir l'amour de soi et guérir tout ce qui est désamour chez moi (pensées, émotions, maux physiques). De la pensée « assassine » à la dépendance, qui rime avec maltraitance, Raphaël nous aide à prendre soin de nous, sur tous les plans.

Il accompagne également les âmes guérisseuses qui se sont incarnées pour transmettre l'énergie curative et aider les cœurs à s'ouvrir davantage (#mespetitssoldatsdelumière).

Vous avez l'âme de « sauver » le monde, et le bien-être des gens qui vous entourent est important pour vous ? Vous êtes très certainement en lien avec le pote en ciel Raphaël, et il vous aidera à développer et diffuser votre énergie de guérison de la manière la plus juste.

PETIT TOP'HAUT SUR L'AMOUR DE SOI

Le but de notre incarnation terrestre est de kiffer sa vie. Sans amour, pas de kiffance. L'amour de soi doit être au centre de nos priorités, car, en développant cet amour en soi, nous le diffusons instantanément autour de nous. Incarner l'amour dans chaque pensée et chaque geste du quotidien – pour soi et pour les autres – est le meilleur des remèdes contre les maux de l'humanité. On ne peut « répandre » le bien-être de manière impactante si on n'en a pas un échantillon sur soi (merci, Coluche, pour l'inspi').

À l'heure actuelle, beaucoup d'âmes souffrent de désamour. Son origine n'est pas fonction de ce que j'ai « reçu », mais plutôt de ce que je me DONNE, ici et maintenant. Fort heureusement, à chaque instant, nous pouvons changer la donne et la transformer. L'amour « guéritout ». Prendre la responsabilité de sa vie implique que l'on guérisse en soi ce qu'il y a à guérir et que l'on remplisse de manière autonome et responsable notre jauge d'amour, même si nous n'avons pas appris à le faire. Est-ce que ma nourriture intérieure (mes pensées) est bonne pour moi ? En ouvrant mon cœur pour mon bien-être, en faisant de moi ma priorité 100 % *love*, je deviens un exemple inspirant pour les âmes qui souhaitent en faire de même. Tout part de moi.

LE MESSAGE DE RAPHAËL

« L'amour, l'Amour avec un grand A, l'amour chanté à pleine voix, l'amour dansé jusqu'au bout des doigts. Mes chers âme-is, je suis l'archange Raphaël et je viens aujourd'hui vous parler de l'amour de soi. Vos âmes – étincelles de lumière au potentiel infini – sont venues expérimenter sur Terre l'amour sans compromis. Beaucoup d'entre vous pensent trouver l'amour à l'extérieur, alors qu'en réalité, l'amour est en soi et ne peut se matérialiser qu'en apprenant à se le donner. Car il est impossible de recevoir de l'amour lorsqu'on ne s'aime pas, le désamour ferme les portes de la caverne d'Ali Baba. Je viens sur Terre pour vous apprendre à guérir de vos blessures de cœur, de toutes ces failles qui en ont terni la couleur. Votre corps est le reflet de votre cœur, le miroir de votre âme vous permettant de faire grandir la flamme intérieure. Alors, mes chers cousins, je vous le demande, regardez avec attention ce qui fait battre votre cœur et où en sont les douleurs. Accueillez chaque ombre et chaque lumière de votre Être, bien au-delà des jugements et discriminations de votre ego. Car vous êtes bien plus grand, car vous êtes bien plus beau. Accueillez. Seul l'amour guérit, seul l'amour nourrit, seul l'amour met de la lumière dans la nuit. Rien ni personne ne pourra combler ce vide qui réside ; seul, vous détenez la jarre (et pas celle de Jean-Michel #jaidelhumour) d'amour permettant de faire pousser vos fleurs. L'amour est en soi, et, en apprenant à vous aimer, vous récolterez l'abondance d'amour matérialisée. »

Visualisation pour ouvrir son cœur avec le pote en ciel Raphaël

Fermez les yeux et prenez une grande respiration. Portez votre attention dans votre espace personnel, au niveau du chakra du cœur, conscient de la position de votre corps, de votre respiration et des battements de votre cœur.

Faites quelques respirations, en conscience, pour laisser le calme s'installer en vous. Demandez à l'énergie de l'archange Raphaël de venir à vous, afin d'ouvrir votre cœur et de laisser aller les lourdeurs. Instantanément, l'énergie de Raphaël toque à la porte de votre cœur. La porte s'ouvre et une fumée noire s'en extrait, emportant ce qui blesse votre cœur et l'empêche de rayonner pleinement. Utilisez votre respiration pour laisser aller cette fumée, jusqu'à ce que votre cœur ait retrouvé sa pleine clarté. Lorsqu'il est nettoyé, visualisez-le briller jusqu'à inonder d'amour toute votre cage thoracique. Prenez quelques minutes pour infuser ces douces énergies.

Ouvrez les yeux et répétez à haute voix la phrase suivante :

« Je suis Amour, je suis aimé, je suis aimable. Je suis connecté à l'énergie de l'archange Raphaël, et tout est parfait ! »

TR'ANGES DE VIE

Quand et comment faire appel au pote en ciel Raphaël ?

QUELQUES EXEMPLES...

Dans chacune de ces situations, rappelez-vous qu'il est essentiel de se poser et de créer un espace de réception. On ne demande avec le cœur qu'en prenant le temps de se connecter à lui ! Fermez les yeux, respirez et laissez-vous guider. Faites-vous confiance, toutes les réponses sont en vous !

MON VÉHICULE N'EST PAS EN FORME

Exemple: «Depuis quelque temps, je suis très fatigué et j'enchaîne les bronchites.»

J'active mon pote en ciel: «Archange Raphaël, permets-moi d'entendre ce que mon âme me chante mais que je n'écoute pas. Aide-moi à comprendre mes maux physiques et à trouver les moyens pour y répondre. Merci.»

Je note ici les idées/sensations qui viennent à moi en lien avec ma demande :

....

....

....

....

....

....

....

....

....

....

....

Conseil

Visualisez le plus souvent possible la lumière verte de guérison vous entourer. Prenez quelques respirations afin de répandre cette lumière dans chaque cellule de votre corps.

MON ÂME A ÉTÉ BLESSÉE

Exemple: «Lorsque j'étais petit, on s'est beaucoup moqué de moi, et j'en ai souffert. Depuis, j'ai toujours cette impression de ne pas mériter le respect des gens. J'ai constamment peur de me sentir humilié et jugé.»

J'active mon pote en ciel: «Archange Raphaël, aide-moi à me donner le respect qui me revient de droit. Permets-moi de guérir mon cœur de ses blessures d'enfance. Montre-moi le chemin. Merci.»

Conseil

Répétez régulièrement la phrase: «J'ai le droit de...» (à compléter par vos soins).

....

....

MALADIE D'AMOUR

Exemple: «Jean-Paul m'a quittée, mon cœur est brisé.»

J'active mon pote en ciel: «Archange Raphaël, je fais appel à ta douceur et à ton énergie d'amour afin de guérir mon cœur. Aide-moi à retrouver mon bien-être intérieur dans cette situation et à m'apporter tout ce dont j'ai besoin. Merci.»

Je note ici toutes les idées qui me viennent et qui vont m'aider à remplir ma jauge d'amour:

....

....

....

....

....

....

JE DÉPRIME

Exemple: «J'ai souvent cette sensation d'étouffer, je ne trouve pas ma place sur Terre, et cela crée de la déprime en moi.»

J'active mon pote en ciel: «Archange Raphaël, aide-moi à me connecter à ce qui est bon pour moi. Ouvre mon cœur, nourris mon cœur, afin que je puisse voir à l'intérieur, au-delà des limites de mon mental. Merci.»

Conseil

Chaque matin et chaque soir, invoquez l'énergie de l'archange et prenez quelques minutes pour visualiser votre cœur s'emplir de lumière et devenir rayonnant.

JE NE M'AIME PAS

Exemple : « J'ai beau faire, je n'aime pas grand-chose chez moi ! »

J'active mon pote en ciel : « Archange Raphaël, aide-moi à voir la beauté de mon âme, permets-moi d'ouvrir mon cœur afin de voir toutes mes richesses. Aide-moi à m'aimer tel que je suis. Merci. »

Conseil

Notez ici 40 qualités que vous avez (capacités, choses que vous faites bien…) :

....

....

....

....

....

....

....

....

....

JE SOUHAITE DÉVELOPPER MON ACTIVITÉ DE « GUÉRISSEUR »

Exemple: «Je suis thérapeute et je souhaite lancer mon activité. Je ne sais pas comment m'y prendre pour me faire connaître et développer mon business.»

J'active mon pote en ciel: «Archange Raphaël, merci de me montrer les bonnes actions à poser, en cohérence avec mes désirs de cœur, pour développer mon activité et faire du bien autour de moi. Merci.»

Je note ici les idées qui viennent à moi, les jours suivant ma demande:

....

....

....

....

....

....

....

....

....

Exemple: «Je souhaite suivre une formation pour mon bien-être, mais je ne sais pas laquelle (et en plus, j'ai pas une thune).»

J'active mon pote en ciel: «Archange Raphaël, merci de me montrer la formation juste pour le bien-être de mon âme. Quel qu'en soit le prix, donne-moi les moyens d'y accéder. Merci.»

Je note ici les idées qui viennent à moi, les jours suivant ma demande:

Dans chacune de ces situations, les réponses de notre pote en ciel vont nous inviter à entreprendre certains changements dans notre fonctionnement intérieur pour ouvrir davantage notre cœur. On ne peut remplir la jauge d'amour si nos pensées créent des brèches. On ne peut recevoir l'amour si on ne s'aime pas. Soyez à l'écoute, observez les synchronicités, les idées inspirantes qui s'imposent à vous, les pistes de développement ou de guérison qui sont mises sur votre route ou toutes formes d'écho prenant place dans vos pensées ou dans la matière. Puis agissez. N'oubliez pas : nos potes en ciel nous montrent le chemin à suivre, et c'est à nous derrière de le prendre, afin de transcender tout ce qui ne nourrit pas le grand Soi !

Chapitre 10

Archange Gabriel
l'artiste

SUPER-POUVOIRS

Créativité - expression - enfant intérieur

MANTRA

« Je m'autorise à créer ma réalité ! »

L'archange Gabriel est le pote en ciel qui active l'expression de notre créativité ! La créativité est l'une des vertus phares de notre âme. Chaque âme est unique, avec un plan et des aspirations qui lui sont propres, elle possède donc cette capacité innée de mettre en place, dans la matière, ce qui est cher à son essence véritable et à son évolution. La créativité, c'est notre âme qui parle, et le cœur qui donne le tempo. Gabriel nous aide à diffuser le bon message et à trouver les mots justes pour le faire. Quand Jérôme s'entête (et remarquez que je pèse mes mots) à se prendre le chou pour « bien faire », Pénélope s'applique à faire ce qui est bien pour elle et déploie instantanément ses ailes créatives et créatrices. Gabriel nous inspire, nous donne les bonnes idées, celles qui nous font vibrer et réveillent notre enfant intérieur ! J'aime, d'ailleurs, comparer son énergie à celle d'un enfant : cash, authentique et pleine de joie ! Gabriel sort notre enfant intérieur de sa cave afin de nous reconnecter à sa pleine puissance. Car, oui, l'enfant crée naturellement, sans se poser de questions, sans la quête d'un quelconque résultat, hormis la satisfaction de ses désirs. L'enfant ne se force pas, ne se met pas de limites, fait pour le plaisir de faire et pour celui de donner. Avec Gabriel, on enlève sa cape d'adulte trop rigide pour retrouver l'innocence, la spontanéité et l'expression de l'enfant. Un peu de fun, quoi !

Gabriel est le pote en ciel qui accompagne les artistes et les enseignants pour les aider à transmettre avec le cœur (d'un enfant), car, ne l'oublions pas, tout se trouve dans cette caverne d'Ali Baba. Il nous aide donc à lâcher prise sur notre mental qui a tendance à freiner nos élans créatifs – jugement oblige – en renforçant la joie de créer à sa façon ! S'exprimer dans sa globalité est donc son credo !

JE CRÉE MA RÉALITÉ

Cela fait maintenant quelques années que je travaille quotidiennement avec l'énergie de l'archange Gabriel dans mon activité professionnelle, afin d'avoir des idées « connectées », mais aussi dans ma vie personnelle. La créativité est partout : dans la confection d'un repas, d'un instant passé à deux, avec ses enfants, avec chéri-chéri, dans l'organisation de son week-end, de ses vacances, de sa vie à 2, à 3... Je ne vais pas vous énumérer ici le champ de tous les possibles ; la créativité est partout à partir du moment où on accepte de sortir des clous !

L'un des plus gros apprentissages que j'ai reçus de cet archange est le suivant : si tu veux être dans ta créativité, trace ta route dans la joie, bébé ! Reste simplement connecté à la joie de créer ce qui te fait du bien au quotidien. Ne regarde pas ce que font les autres. Le bien-être, c'est personnel ! Et si tu transpires le bien-être, les autres le sentiront forcément ! C'est le principe de la transpiration !

J'ai envie d'ajouter cette phrase qui est très certainement l'une des plus belles transmissions que mon père m'ait faites : « On peut travailler sérieusement sans se prendre au sérieux. » – Georges Bougaïeff

La petite Marina, que Gabriel honore chaque jour, est, à l'heure actuelle, la plus belle arme créatrice de ma vie d'adulte.

PETIT TOP'HAUT SUR LA CRÉATIVITÉ

Je rencontre beaucoup de personnes qui me disent ne pas être créatives ! Il est important de comprendre que nous créons en tout temps, que nous laissions notre pouvoir créateur au service de Jérôme et de sa petite boîte toute rigide ou entre les mains de Pénélope ! Je rappelle que la créativité ne se résume pas au fait de peindre, de jouer de la musique ou de faire de la poterie ! Puis, soyons honnêtes, utiliser sa créativité pour créer sa vie me semble plus splendide que de créer du patchwork. La créativité est en chacun de nous et nous est propre ! Ce qui est bon pour Thérèse ne l'est pas forcément pour moi, et inversement. Ce qui nous empêche d'y accéder pleinement, c'est notre mental qui peut avoir peine à sortir des sentiers battus. Le mental et ses « principes » étouffent notre créativité. L'adulte trop sérieux en nous, aussi. Prendre conscience que nous grandissons dans un système de moutons où tout tend à nous « lisser » et à nous départir de nos spécificités créatrices est très important. Sortir du troupeau pour s'émanciper l'est tout autant. À intégrer !

Quand je mets des épices de joie sur les plats de mon quotidien, en laissant tout simplement la petite Marinette rire aux éclats et s'exprimer, c'est toute ma sphère créative qui s'emballe. Que croyez-vous ? Le titre de ce livre m'a tellement mise en joie que c'est tout son contenu qui s'est automatiquement offert à moi ! Merci Gabriel !

LE MESSAGE DE GABRIEL

« La joie. Toute forme de créativité se trouve dans ce qui vous procure de la joie. Il n'y a pas de créativité sans joie, car le sentiment de joie est l'ingrédient indispensable aux idées inspirantes. Lorsque vous vous sentez en panne d'inspiration, prenez le temps de vous reconnecter à ce qui vous procure de la joie, dans la simplicité et l'abondance des possibilités du quotidien. Moi, Gabriel, je vous reconnecte à l'énergie de l'enfant présent en chacun de vous, à cette innocence du rire et de la spontanéité des mots. Regardez vos enfants, nourrissez-vous de leur énergie créative. L'enfant cherche naturellement à nourrir sa sphère de joie et déploie sans jugement sa créativité. Seul l'adulte juge. Cette énergie est toujours présente en vous, rebranchez la prise de l'espièglerie et laissez couler en vous le *flow* des possibilités. Ne jugez pas, ne vous comparez pas, la créativité a différentes facettes. Laissez votre cœur s'exprimer dans votre corps et dans vos mots, dans vos gestes et vos actions. Osez exprimer votre réalité et, ainsi, récolter les graines de joie semées. »

Visualisation pour se connecter à son enfant intérieur avec le pote en ciel Gabriel

Fermez les yeux et prenez une grande inspiration. Portez votre attention dans votre espace personnel, au niveau du chakra du cœur, conscient de la position de votre corps, de votre respiration et des battements de votre cœur.

Faites quelques respirations pour laisser le calme s'installer en vous. Mettez votre conscience dans votre chakra du cœur et demandez à l'énergie de l'archange Gabriel de venir ouvrir la porte de votre cœur. Derrière cette porte se trouve votre enfant intérieur. Vous êtes cet enfant, et Gabriel vient vous bercer d'amour. Il vous demande de sortir de votre placard afin de reprendre votre place. Permettez à l'énergie de cet enfant de circuler en vous, avec amour. Laissez-le s'exprimer à sa guise. Prenez le temps qu'il vous faut afin de réconforter et de laisser la place à cet enfant. À partir de maintenant, vous pouvez exprimer, en tout temps et dans la joie, votre esprit créateur.

Ouvrez les yeux et répétez à haute voix la phrase suivante :

« Je laisse mon enfant intérieur s'exprimer en tout temps. Je suis connecté à l'énergie de l'archange Gabriel, et tout est parfait ! »

TR'ANGES DE VIE

Quand et comment faire appel au pote en ciel Gabriel ?

QUELQUES EXEMPLES...

Dans chacune de ces situations, rappelez-vous qu'il est essentiel de se poser et de créer un espace de réception. On ne demande avec le cœur qu'en prenant le temps de se connecter à lui ! Fermez les yeux, respirez et laissez-vous guider. Faites-vous confiance, toutes les réponses sont en vous !

J'AI PERDU MA JOIE DE VIVRE

Exemple : « En mode métro-boulot-dodo, j'avoue, ma vie n'est pas très funky, je me sens fatigué et j'en perds le sens. »

J'active mon pote en ciel : « Archange Gabriel, montre-moi comment mettre des touches de joie dans mon quotidien, aide-moi à suivre mes envies spontanées, sans jugement et sans culpabilité. Merci. »

Je note ici les épices de joie qui viennent à moi de manière répétitive afin d'égayer mon quotidien (écriture, danse, musique...) et surtout, je n'oublie pas de passer à l'action :

J'AI DU MAL À PARLER EN PUBLIC

Exemple: «Je me sens tétanisé chaque fois que je dois prendre la parole dans un groupe.»

J'active mon pote en ciel: «Archange Gabriel, donne-moi la confiance nécessaire et active ma capacité d'expression, STP. Merci.»

Conseil

Faites quelques respirations et visualisez l'énergie de l'archange vous donner toute la solidité et la confiance dont vous avez besoin. Plus vous respirez, et plus Gabriel installe confiance et lâcher-prise. Vous êtes parfait tel que vous êtes, alors partagez votre belle lumière au monde.

Je peux recevoir un mot ou une image à la suite de cette demande, je le/la note ici:

....

....

....

....

....

....

J'AI DES DIFFICULTÉS À EXPRIMER CE QUE JE RESSENS

Exemple: «Je n'ose pas dire les choses, j'ai peur d'être jugé, de blesser l'autre, d'être rejeté. »

J'active mon pote en ciel: «Archange Gabriel, aide-moi à trouver les bons mots afin que je puisse partager ma vérité intérieure en toute bienveillance. Merci.»

Je note ici quelques mots-clés qui vont me booster avant d'exprimer mes ressentis face à la personne concernée:

....

....

....

....

....

....

....

....

....

....

J'AI BESOIN D'ACTIONS INSPIRANTES

Exemple: «J'ai une idée dans ma tête qui pourrait être «topissime» comme projet professionnel, mais je ne sais pas par quoi commencer ni même comment la mettre en place, j'ai besoin d'actions concrètes et inspirantes pour me dessiner le chemin.»

J'active mon pote en ciel: «Archange Gabriel, donne-moi les premières pièces du puzzle, montre-moi ce que j'ai à faire pour développer cette idée dans le concret. Merci.»

Je note ici ce qui vient à moi de manière spontanée et répétitive et qui met mon cœur en joie:

....

....

....

....

....

....

....

....

....

JE SOUHAITE METTRE DE LA CRÉATIVITÉ DANS MES ACTIVITÉS

Exemple: «J'aime ce que je fais, mais je tourne en rond et m'ennuie un peu. J'ai besoin de créer de la nouveauté, d'installer une nouvelle énergie, mais je ne sais comment procéder.»

J'active mon pote en ciel: «Archange Gabriel, inspire-moi, donne-moi de nouvelles idées dans mes activités et donne-moi le pep's pour les mettre en place. Merci.»

Je note ici ce qui vient à moi de manière répétitive et qui met mon cœur en joie:

....

....

....

....

....

....

....

....

....

....

JE SOUHAITE ME RECONNECTER À L'ÉNERGIE DE « L'ENFANT »

Exemple : « Quand j'étais petite, je n'ai pas eu l'espace pour m'exprimer et m'amuser. Du coup, je suis un adulte beaucoup trop sérieux. »

J'active mon pote en ciel : « Archange Gabriel, aide-moi à me reconnecter à l'énergie de mon enfant intérieur. Aide-le à sortir de sa cave avec amour, bienveillance et joie de vivre. Merci. »

Je note ici les idées (pas sérieuses du tout) qui viennent à moi de manière spontanée et qui mettent mon cœur en joie :

....

....

....

....

....

....

....

....

....

....

JE SOUHAITE ENSEIGNER EN TOUTE AUTHENTICITÉ

Exemple: «J'adore apprendre et transmettre. Guider les gens me fait vibrer, mais je ne sais pas comment transmettre "à ma sauce", c'est encore flou. »

J'active mon pote en ciel: «Archange Gabriel, montre-moi comment je dois transmettre, quelle est l'essence de mon enseignement. Merci.»

Je note ici les idées et les outils qui viennent à moi de manière répétitive et qui mettent mon cœur en joie:

....

....

....

....

....

....

....

Conseil

Misez sur les idées simples, celles qui vous collent à la peau, car l'évidence... est toujours une bonne mise!

Dans chacune de ces situations, les réponses de notre pote en ciel vont nous inviter à changer nos petites habitudes pour remettre du pep's en boutique. Soyez à l'écoute, observez les synchronicités, les idées inspirantes qui s'imposent à vous et surtout, n'ayez pas peur de sortir des clous, car c'est en vous connectant à votre authenticité personnelle que vous vous sentirez vibrer. Les idées les plus simples, celles que les enfants honorent, mais que l'adulte rejette, sont souvent les meilleures ! Arrêtez de chercher « l'extraordinaire » dans la difficulté, car il est déjà en vous, dans votre plus grande simplicité !

Chapitre 11

Archange Raziel
le clairvoyant

SUPER-POUVOIRS

Ouverture du 3e œil - développement des capacités extrasensorielles

MANTRA

« Je vois ! »

L'archange Raziel est le pote en ciel qui active en nous notre capacité à voir au-delà des yeux physiques, au-delà de ce qui semble être. Quand Jérôme voit le sommet de l'iceberg, Pénélope en découvre la face cachée. L'énergie de Raziel active notre vision subtile en nettoyant notre 3e œil – espace énergétique situé entre nos sourcils. Notre corps a des yeux pour voir, eh bien, notre âme a également un œil, qui lui offre une vision panoramique de la vie. Il peut nous arriver de nous sentir enlisés dans une situation, un état ou une relation, louchant frénétiquement sur un aspect, vrillant parfois jusqu'à l'obsession, ne trouvant plus les moyens de s'en dépatouiller. Si je bloque sur une pièce du puzzle plutôt que d'en regarder la globalité, je n'ai pas toutes les informations entre les mains afin de prendre une décision connectée à mon âme. L'archange Raziel nous aide à prendre de la hauteur afin de voir les tenants et les aboutissants, de comprendre « ce qui se joue », de voir au-delà des masques et des frontières de l'ego.

« Cher Jérôme, cesse de regarder uniquement ton nombril... Merci tout plein ! »

Il nous permet donc de nous connecter à d'autres plans de compréhension, le champ des possibles s'ouvre instantanément. Pénélope comprend son fonctionnement, celui de ses pairs, mais aussi de la vie. Elle fait des liens, met le doigt sur ce qui doit être transcendé et trouve les solutions à son expansion, sans jugement, *of course!* Raziel permet donc le discernement entre la vision du cœur et celle du mental ! Relativement pratique quand on est dans le flou !

L'énergie de Raziel affûte nos sens subtils, il nous permet une compréhension émotionnelle, une élévation de la conscience.

Une image me vient, celle d'une voiture sur un chemin. Vous êtes cette voiture, mais votre pare-brise est tout taché. Les fientes qui l'éclaboussent viennent tout droit des fesses de votre ego qui se vide chaque jour plus de ses jugements. Il est difficile de conduire avec un pare-brise sale et de savoir quelle route prendre. Raziel, c'est notre *car wash* lumineux, il nettoie le pare-brise pour que nous puissions conduire sereinement et profiter du paysage.

JE VOIS TOUT, BÉBÉ, JE VOIS TOUT...

Et je vois surtout ce qui est bon pour moi ! *And the dream comes true!* Du moins, on avance dans le bon sens.

Il accompagne donc, et en toute logique, les personnes qui mettent leur médiumnité au service du bien-être collectif. Je ne parle pas simplement de « voyance », *of course*, j'élargis la sphère à l'accompagnement nécessitant de voir clairement l'âme qui se trouve en face de soi.

Raziel nous permet également de conscientiser les petits signes qui nous sont envoyés dans notre environnement. À trop pédaler sa routine, on a souvent la tête dans le guidon et on ne prend pas le temps d'apprécier le paysage. Il nous aide à « voir » ce que notre environnement a à nous donner, attirant nos yeux sur LA chose qui va faire « écho » et « boum, boum » dans le chaudron intérieur. C'est un vrai distributeur de clins d'œil célestes.

PETIT TOP'HAUT SUR LA CLAIRVOYANCE

Quand on évoque l'ouverture du 3e œil et le développement de la clairvoyance, on s'imagine que tout un tas d'images vont s'imposer instantanément à nous. C'est une facette de la clairvoyance, et nous avons tous vécu, un jour, ce « flash » qui vient de nulle part. Mais est-ce vraiment là l'essence de la clairvoyance ? Je ne crois pas, non. Lorsque mon 3e œil a enfin été nettoyé, c'est toute une nouvelle vision de la vie qui s'est imposée à moi, une vision qui m'aide à avancer sur mon chemin, qui me permet de faire mes choix « bien-être », professionnels et personnels, qui lève le voile sur les personnes que je rencontre. Je sais instantanément ce qui est bon pour moi et ce qui ne l'est pas, car je vois clair ! Je vois clairement les intentions, les sentiments, les masques, les failles, les blessures, les vrilles, l'ego... Je vois en chaque personne (moi-même, compris) et chaque situation, ce qu'il y a derrière la face apparente de l'iceberg. Je peux ainsi prendre du recul sur les réactions parfois excessives de nos sphères égotiques et faire des choix de cœur. Je trouve que cet aspect de la clairvoyance est beaucoup plus funky et constructif que le fait de recevoir une image que j'ai bien souvent peine à comprendre ! Avec Raziel, j'ouvre les yeux de mon âme sur le monde et je vois en GRAND.

LE MESSAGE DE RAZIEL

« Je vois. Je vois en toi. Je vois ta beauté et je vois la lumière de ton âme. Je vois ta grandeur et je vois ton potentiel. Je vois ton cœur aimant et je vois tes blessures. Je vois au-delà de ton véhicule et au-delà de tes actes. Je vois qui tu es et je comprends tes expériences. Je vois ta sensibilité, l'amour que tu donnes et celui dont tu as besoin.

Voir offre la compréhension des mots et la guérison des maux. Voir sans juger, voir avec amour, voir le beau, le grand, le bon en chaque situation afin de dépouiller toute forme de vision limitante. Ne pas se limiter au jugement des apprentissages, dans le bien, le mal, le bon, le mauvais. Le jugement étiquette, mais l'âme est bien plus grande qu'une simple étiquette. Elle est un tout, constitué d'un ensemble de petites choses qui, en prenant la juste place de leur importance, forme ce grand Tout lumineux.

Moi, Raziel, je vous aide à voir ce qui est, à percer les mystères de l'âme et de l'univers. Je vous aide à voir, de jour comme de nuit, dans vos lumières et dans vos ombres. J'éclaire le chemin des plus téméraires, des âmes qui sont prêtes à voir ce qui est. J'illumine votre lentille subtile et crée l'envol de votre vision de cœur, vous permettant ainsi d'avancer sur le chemin de la vie, en toute tranquillité. »

Visualisation pour ouvrir le 3e œil avec le pote en ciel Raziel

Fermez les yeux et prenez une grande inspiration. Portez votre attention dans votre espace personnel, au niveau du chakra du cœur, conscient de la position de votre corps, de votre respiration et des battements de votre cœur.

Faites quelques respirations, en conscience, pour laisser le calme s'installer en vous. Demandez à l'énergie de l'archange Raziel de venir ouvrir la pupille du 3e œil, pour que vous puissiez y voir clair en toutes situations. Instantanément, l'énergie de Raziel ôte le bouchon noirâtre qui se situe entre vos sourcils. Une poussière grise s'extrait de votre 3e œil, et l'énergie de Raziel aspire tout ce qui doit être aspiré pour laisser place à une sublime lumière de couleur bleu indigo. Prenez le temps qu'il vous faut pour co-créer ce grand nettoyage et n'hésitez pas à utiliser votre respiration pour vous aider. Lorsque l'espace est entièrement nettoyé, prenez le temps de savourer cette magnifique lumière qui vous aide à prendre de la hauteur sur le monde.

Ouvrez les yeux et répétez à haute voix la phrase suivante :

« Je vois au-delà des apparences et je vois le chemin. Je suis connecté à l'énergie de l'archange Raziel, et tout est parfait ! »

TR'ANGES DE VIE

Quand et comment faire appel au pote en ciel Raziel ?

QUELQUES EXEMPLES…

Dans chacune de ces situations, rappelez-vous qu'il est essentiel de se poser et de créer un espace de réception. On ne demande avec le cœur qu'en prenant le temps de se connecter à lui ! Fermez les yeux, respirez et laissez-vous guider. Faites-vous confiance, toutes les réponses sont en vous !

JE SUIS DANS LE FLOU

Exemple : « Dois-je rester ou partir ? Je ne sais pas, tout se mélange dans ma tête. »

J'active mon pote en ciel : « Archange Raziel, aide-moi à y voir clair et à mettre en lumière ce qui est bon pour mon cœur. Merci. »

Je note ici les idées, images, sensations ou paroles qui résonnent chez moi, les jours suivant ma demande :

J'AI BESOIN DE VOIR LES CHOSES SOUS UN AUTRE ANGLE

Exemple : « Je suis bloqué dans une situation, j'ai beau réfléchir, je ne trouve pas de solutions. »

J'active mon pote en ciel : « Archange Raziel, merci de m'aider à voir ce que je ne vois pas en moi et autour de moi et ainsi trouver la solution qui est bonne pour moi. »

Je note ici les idées, images, sensations ou paroles qui résonnent chez moi, les jours suivant ma demande :

....

....

....

....

....

....

....

....

....

....

J'AI BESOIN DE COMPRENDRE UNE SITUATION

Exemple: «Je viens de vivre un événement traumatisant et j'ai besoin de comprendre le pourquoi du comment, l'apprentissage spirituel que j'ai à faire de cette expérience.»

J'active mon pote en ciel: «Archange Raziel, élève mon âme à un niveau de compréhension qui soit guérisseur et constructif pour mon âme. Donne-moi les éléments salvateurs que je ne peux voir à l'heure actuelle. Merci.»

Je note ici les idées et prises de conscience que j'ai face à cet événement, cette situation:

....

....

....

....

....

....

....

....

....

JE N'ARRIVE PAS À CERNER UNE PERSONNE

Exemple: «Je ne sais pas si je peux faire confiance à Jean-Serge Son prénom semble tellement louche (humour)!»

J'active mon pote en ciel: «Archange Raziel, montre-moi la vraie nature de la personne qui se trouve en face de moi. Merci.»

Je note ici ce qui vient à moi, les jours suivant ma demande:

....

....

....

....

....

....

....

....

....

....

....

JE SOUHAITE DÉVELOPPER MA MÉDIUMNITÉ

Exemple: «J'aime guider les gens et leur apporter des solutions justes pour leur évolution. J'ai besoin de voir clairement les besoins de leur âme.»

J'active mon pote en ciel: «Archange Raziel, merci de me montrer ce qui est bon pour cette personne afin que je puisse la guider en toute bienveillance.»

Conseil

Nous sommes tous connectés les uns aux autres; ainsi, nous pouvons facilement obtenir de l'information sur une sœur d'âme. Quand l'information intuitive «tombe», il ne faut que deux secondes pour que le mental prenne le relais et freine nos élans premiers. Autorisez-vous à partager sans rentrer dans l'analyse, autorisez-vous à mettre sur le devant de la scène l'idée, la sensation, le ressenti premier.

J'AI BESOIN DE PRENDRE DE LA HAUTEUR

Exemple: «Le sort s'acharne, j'enchaîne galère sur galère, c'est la série noire! J'ai besoin de prendre de la hauteur, de voir la situation avec un peu plus de distance afin d'inverser la tendance!»

J'active mon pote en ciel: «Archange Raziel, aide-moi à prendre de la hauteur sur ma vie et montre-moi les changements qu'il y a à faire, de manière claire! Merci.»

Je note ici les idées inspirantes qui viennent à moi, les jours suivant ma demande :

Dans chacune de ces situations, les réponses de notre pote en ciel peuvent vous inviter à vous poser les bonnes questions et à rentrer dans votre intériorité. Bouh, on n'aime pas trop ça ! Mais c'est en se comprenant soi-même que l'on comprend le monde, les pépites. Alors, demandez-vous régulièrement : « Qu'est-ce que j'ai à apprendre de ça ? » Car c'est dans l'apprentissage que se dessine votre chemin. Et soyez à l'écoute, observez les synchronicités, les idées inspirantes qui s'imposent à vous et les pistes qui vous sont données. Celles qui élargissent instantanément vos perspectives ! Faites-vous confiance. Pas de pression au portillon, les apprentissages viennent toujours en temps et en heure, alors si vous ne comprenez pas... bah, laissez couler, inutile de se prendre le chou, il vous manque peut-être une pièce du puzzle pour que la lumière s'allume à tous les étages ! (#lacherprise)

Par ailleurs, je vous recommande de prendre des notes sur vos apprentissages « panoramiques », cela vous permettra d'adapter votre vision, et vous prendrez peu à peu conscience que tout « matche », tout a un sens, tout est illusion, et tout est création !

Chapitre 12

Archange Jophiel
l'ami *good vibes*

SUPER-POUVOIRS

Beauté - pensée positive - énergie du yin

MANTRA

« Tout est parfait ! »

L'archange Jophiel est le pote en ciel qui active en nous la Beauté avec un grand B ! Quand je me connecte à son énergie, la *good vibe* s'empare de moi, tel un fil conducteur qui saura guider chacun de mes pas tout au long de la journée. Jophiel sublime mon véhicule terrestre, à l'extérieur mais aussi à l'intérieur. Car la beauté ne se résume pas à une apparence physique, le fruit pousse en fonction de la graine que je « s'aime ». Il développe en nous le sentiment d'amour et nous aide à transmuter toute forme de pensée limitante en pensée abondante (#jemaimejemaimejemaime). Voir le beau en soi et à l'extérieur de soi pour le répandre tout autour de soi. Avec Jophiel, nous rentrons dans notre sphère féminine qui ne demande qu'à être bichonnée et cocoonée. Son énergie nous permet donc de ralentir le rythme afin de prendre du temps pour soi, pour prendre soin de soi. Je ne peux voir le beau à l'extérieur que si je le vis à l'intérieur, mais, pour le vivre, je dois prendre le temps de le concevoir, de me l'apporter. Jérôme se sent trop souvent *en speed*, il active le « faire, faire, faire » pour remplir les trous de sa journée. Il s'identifie en fonction de ce qu'il fait ! Gloire à toi, Jérôme, si tu as accompli tout un tas de corvées, aujourd'hui ! Mais que reste-t-il de moi si je ne me mets pas tout un tas d'obligations ?

Pénélope, elle, a envie d'être, tout simplement, et de s'apporter du beau et du bon. C'est ainsi qu'elle y trouve sa valeur. Quand on aime quelque chose, on en prend soin. Alors, quand on apprend à s'aimer, on doit prendre soin de soi, en toute logique. C'est souvent difficile de prendre du temps pour soi et de se donner la priorité, et pourtant… c'est la base !

Jophiel nous offre cet espace et nous aide à cultiver des pensées positives en tout temps. Il oriente notre regard vers nos forces et nous invite à nous encourager pour transformer nos peurs. Un exemple me vient à l'esprit… Celui d'Émile Coué, pardi ! Eh oui, ce cher Émile a très certainement été frappé par l'énergie de Raziel pour écrire sa méthode nous proposant une autosuggestion positive (#toutestparfaitbébé).

Douceur et chaleur, ma sœur, pour résumer, Raziel est un concentré de *good vibes* qui nous donne le premier rôle sur le dance floor de la vie et qui active en nous cette autorisation tant convoitée, celle de briller pleinement.

JE VOIS LA VIE EN ROSE
ROSE BONBON
ROSE FEMME
ROSE BEAUTÉ
ROSE DOUCEUR

PETIT TOP'HAUT SUR LA NOTION DE « PRIORITÉ »

Faire de son bien-être sa priorité est LA priorité. Nous avons grandi de manière plus ou moins formatée par l'idée que faire du bien-être de l'autre sa priorité fait de nous une belle personne. Oui, une belle personne se doit de faire pour les autres, n'est-ce pas ?

L'altruisme ne se développe pas, il fait partie intégrante de nous, naturellement. Nous n'avons pas d'énergie à dépenser pour être altruistes, nous n'avons pas à faire passer l'extérieur en priorité pour l'être. Prenons un exemple simple : lorsque j'apprends une nouvelle qui me met en joie, j'ai spontanément envie de partager ma joie en appelant un proche, en le serrant dans mes bras (j'ai pas envie d'aller m'enfermer, seule dans un placard, voyez-vous ?). Je suis en joie, et l'envie de partager, de donner, se fait naturellement. Si je suis dans la joie au quotidien, il en est de même. Cultiver la joie en soi, faire de son bien-être une priorité réveille l'altruisme présent en chacun de nous. Nous ne nous départissons pas de notre énergie en donnant aux autres, en sacrifiant une partie de nous. Nous partageons ce qui est présent en nous et donnons ainsi la possibilité à l'autre de se reconnecter à sa propre fiole de bien-être. Quand je prends soin de moi, quand j'honore mon véhicule en le sublimant, je me sens bien et je me sens en ouverture. J'ai envie d'aller au contact des autres. Quand j'aime, je prends soin, je ne laisse pas dans un coin. Il en est de même pour mon apparence physique et ma nourriture psychologique. On a beau dire, mais s'aimer en jogging et pas coiffée, c'est plus difficile qu'en étant un brin pomponnée. Je me dois de respecter mon âme, bichette. Chaque âme est venue incarner le beau sur Terre, dans tous ses corps, alors donnez-lui ce qu'elle est venue chercher et sentez-la frétiller pour vous remercier.

LE MESSAGE DE JOPHIEL

« Lorsqu'un regard pétille, c'est l'âme qui déploie son habit de lumière, qui expose au grand jour toute sa beauté. Rien n'est plus beau qu'un regard qui pétille. Miroir de l'âme. Moi, Jophiel, je viens mettre des bulles dans votre regard en vous offrant le beau. Je dessine un sourire sur votre visage, vous permettant ainsi de le diffuser. Le beau est en chaque âme, pareil à un diamant qui ne demande qu'à être poli et taillé. Je vous donne les clés et vous accompagne dans cet amour de soi, projecteur de votre splendeur. Mes chers amis de la Terre, la beauté est une énergie dont vous devez prendre soin, sur tous les plans. Elle ne se résume pas à une coquille vide que l'on aurait décorée, la beauté est consistante, faite de pensées valorisantes et bienveillantes, taillée du sentiment de joie que l'on a de s'aimer et de se respecter. La beauté se nourrit en soi pour être diffusée à l'extérieur de soi. Qu'il est futile de seulement l'attribuer à quelques critères physiques. Vous êtes bien plus qu'un corps physique. Honorez ce véhicule à la hauteur de votre âme. La beauté se voit et n'apparaît aux yeux du monde que lorsque vous cultivez votre bien-être. Moi, Jophiel, porteur de l'énergie divine déployant le beau en tout et en toute chose, je vous tends la main et vous aide à faire de votre beauté, une priorité. »

Visualisation pour voir la vie en rose avec le pote en ciel Jophiel

Fermez les yeux et prenez une grande respiration. Portez votre attention dans votre espace personnel, au niveau du chakra du cœur, conscient de la position de votre corps, de votre respiration et des battements de votre cœur.

Faites quelques respirations, en conscience, pour laisser le calme s'installer en vous. Demandez à l'énergie de l'archange Jophiel de venir à vous et de toucher du bout des doigts votre cœur. Il en ouvre instantanément la porte et va chercher dans votre caverne d'Ali Baba, parmi les nombreux objets, une paire de lunettes en forme de cœur. Elles sont brillantes, très lumineuses. Il les prend et les pose sur le bout de votre nez. À partir de maintenant, vous voyez le beau en vous et en tout ce qui vous entoure. Prenez le temps d'infuser l'énergie de la beauté dans chaque cellule de votre corps. Pour ce faire, vous pouvez utiliser votre respiration.

Ouvrez les yeux et répétez à haute voix la phrase suivante :

« Je vois à travers les yeux de l'âme, le beau, le bon, le grand. Je suis connecté à l'énergie de l'archange Jophiel, et tout est parfait ! »

TR'ANGES DE VIE

Quand et comment faire appel au pote en ciel Jophiel ?

QUELQUES EXEMPLES…

Dans chacune de ces situations, rappelez-vous qu'il est essentiel de se poser et de créer un espace de réception. On ne demande avec le cœur qu'en prenant le temps de se connecter à lui ! Fermez les yeux, respirez et laissez-vous guider. Faites-vous confiance, toutes les réponses sont en vous !

J'AI BESOIN DE TEMPS POUR MOI… MAIS JE NE LE PRENDS PAS !

Exemple : « Mon énergie est complètement dispersée, je n'arrive pas à prendre du temps pour moi et mon bien-être. »

J'active mon pote en ciel : « Archange Jophiel, aide-moi à me libérer des contraintes que je m'impose afin de libérer un temps de qualité avec moi-même. Merci. »

Je note ici, en conscience, toutes les obligations que je m'impose et que je peux, aujourd'hui, m'autoriser à libérer pour mon bien-être :

J'AI UN YANG TRÈS DÉVELOPPÉ

Exemple: «Je mets plus de valeur dans ce que je fais que dans ce que je suis. Je suis le «bonhomme» de ma vie! J'ai besoin de m'apporter de la douceur sur tous les plans.»

J'active mon pote en ciel: «Archange Jophiel, aide-moi à me donner la priorité. Permets-moi de créer cet espace de réception dans lequel je me donne du beau, du bon, du grand. Merci.»

Je note ici les idées inspirantes qui viennent à moi, les jours suivant ma demande:

....

....

....

....

....

....

....

Conseil

Autorisez-vous régulièrement à ne rien faire, à prendre un temps pour vous dans «l'inutile». La Terre ne va pas s'arrêter de tourner pour autant.

CULTIVER DES PENSÉES POSITIVES

Exemple: «J'ai cette fichue tendance à voir "le moche" en toutes situations. Je ne peux m'empêcher de faire gonfler en moi "ce qui ne va pas", jusqu'à en faire une véritable obsession. Bref, je dramatise le pépin d'olive qui devient instantanément pastèque. Sacré Jérôme!»

J'active mon pote en ciel: «Archange Jophiel, permets-moi de voir le beau en toute situation. Aide-moi à poser mon regard sur le monde avec les lentilles de l'amour, sur les petites et grandes choses de mon quotidien. Merci.»

Conseil

Tenir un cahier de «Belles choses *in my life*» qui vous permettrait, chaque soir, de faire le point sur les aspects kiffants et positifs de votre journée! Du café chaud sous un rayon de soleil, au sourire échangé avec un inconnu, plus on regarde le positif, et plus il s'offre à nous! Tout est déjà là!

J'AI BESOIN DE ME METTRE EN VALEUR POUR UN RENCARD

Exemple: «C'est mon premier rendez-vous avec Olivier! Je souhaite me sentir à mon avantage sur tous les plans.»

J'active mon pote en ciel: «Archange Jophiel, aide-moi à trouver la tenue parfaite pour moi, celle qui me mettra en valeur et nourrira des pensées de confiance en moi. Merci.»

Conseil

Que le rendez-vous soit professionnel ou personnel, n'oubliez pas que vous n'avez pas à «vous faire choisir», observez plutôt, c'est vous qui choisissez.

JE SOUHAITE VOIR LE BEAU CHEZ LES GENS

Exemple: «J'ai la désagréable sensation d'être différent des gens. Je ne me sens pas à ma place dans un groupe et j'ai du mal à trouver des personnes qui me correspondent.»

J'active mon pote en ciel: «Archange Jophiel, aide-moi à voir la beauté en chaque âme et à me rapprocher des personnes qui sont bonnes pour moi. Merci.»

Conseil

C'est en regardant le «beau» chez les gens qu'on l'attire à soi. Regarder ce qui ne nous convient pas nous coupe des autres alors qu'observer le beau crée des ouvertures! Choisissez bien vos lunettes, il y a toujours une parcelle de beau, même chez Josiane, la collègue relou.

S'ENTOURER DE BEAUTÉ

Exemple: «Je n'ai pas appris à prendre soin de moi. Alimentation, logement, vêtements, pensées. Je dois apprendre à m'entourer de beauté, à me valoriser en conscience, parce que je le vaux bien!»

J'active mon pote en ciel: «Archange Jophiel, aide-moi à m'entourer de beauté et à me donner du bon, dans mes achats et dans mon environnement, pour mon plus grand rayonnement. Merci.»

Conseil

Quoi que vous fassiez, posez-vous cette simple question: «Est-ce que cette proposition permet à mon âme de rayonner pleinement?» (lieu de vie, vêtements, attitude, pensées, nourriture…)

À vous de jouer!

Dans chacune de ces situations, les réponses de notre pote en ciel vont mettre en lumière « là où nous en sommes », dans notre « tête », au travers de nos pensées, mais également dans la « matière », dans tout ce qui nous entoure. Jophiel est un puissant alchimiste qui vous permettra de transformer les pensées « bas de gamme » en pensées abondantes. En gros, il active en nous le pouvoir du BEAU, mais, pour cela, il faut observer le « moche », sinon impossible de transformer ce qui doit l'être! Lorsque vous observez vos « ombres », demandez-lui de vous aider dans cette transformation et, surtout, n'oubliez pas de passer à l'action. Le bonheur, c'est de la rigueur, et l'amour de soi se cultive quotidiennement, avant tout dans ses pensées.

Chapitre 13

Archange Ariel
le chaman

SUPER-POUVOIRS

Protection de l'environnement - énergies de la nature - aide aux animaux

MANTRA

« Je suis la Terre ! »

L'archange Ariel est le potentiel qui nous aide à développer notre connexion avec la nature. Nous sommes la nature, la Terre est notre maison, et nous en sommes les locataires, non les proprios. En ce sens, Ariel nous permet de conscientiser les bienfaits de la Terre et de ce que l'on donne à son véhicule terrestre. C'est une énergie qui crée le lien avec les animaux, les fleurs, les plantes et les élémentaux. Il éveille en nous la capacité à communiquer avec cette nature abondante, à prendre soin d'elle et à recevoir le meilleur de la Madré. Certaines âmes se sentent particulièrement proches et soucieuses de l'environnement, Ariel les guide donc pas à pas afin de préserver la pachamama et/ou d'utiliser ses bienfaits.

Jérôme, et sa vie « trépichiante », peut avoir quelques difficultés à se sentir connecté, à ressentir les bienfaits de ce que la nature lui offre, à les intégrer dans son quotidien et dans ses cellules. Question de priorités, il n'a pas que ça à faire. Pénélope, elle, sait que la nature lui offre le meilleur, elle a conscience de ses bienfaits et refuse de donner à son corps du surgelé. Un bon carburant donnera le pep's nécessaire à notre véhicule tout au long de la traversée. L'énergie d'Ariel met donc en lumière l'alimentation *muy «bonita»* pour la «makina», nous offre la sagesse et la connaissance des plantes, des minéraux et nous aide à mettre en place toute forme d'activité en lien avec la nature, le climat et ses éléments.

Ariel est très proche des animaux. Il veille à leur protection et nous donne les bonnes infos pour prendre soin d'eux.

J'adore les animaux, je me sens très proche d'eux depuis que je suis toute petite. Je peux établir une connexion naturelle avec mes animaux, sentir ce qui est bon pour eux, ce qu'ils désirent, leur amour et leur dévotion à notre évolution. Je les observe, car ils sont des guides sur notre chemin. Lorsque j'ai besoin d'un éclairage sur l'un de mes compagnons, j'invoque le pote en ciel Ariel afin de comprendre, de voir le message qui m'est donné. J'ai également souvent fait appel à lui quand un animal était blessé ou malade ; il forme un très bon duo avec l'archange Raphaël, afin de diffuser l'énergie de guérison.

PETIT TOP'HAUT SUR LA NATURE

Pour ce top'haut, deux réflexions s'imposent à moi.

On dit souvent qu'en regardant la maison d'une personne, cela en dit long sur la personne elle-même. Bordélique ou parfaitement rangé, décoré ou délaissé, l'intérieur de notre maison est le reflet de notre propre intériorité. Il en est de même dans notre rapport à la Terre. La Terre est notre maison durant toute notre vie terrestre, et notre manière de la traiter est le miroir du respect que l'on donne à son âme. À méditer.

La nature est notre plus belle enseignante, il suffit de l'observer pour comprendre le fonctionnement de la vie : le temps de la graine qui pousse pour donner un arbre (= patience et persévérance), la pluie et le beau temps (= impermanence), se laisser porter par les vagues plutôt que de lutter pour avancer (= lâcher-prise)… Nous avons tant à recevoir d'elle ! La nature ressource, la nature apaise. La nature détient toutes les clés dont nous avons besoin. Comment entendre le doux murmure de son âme dans le brouhaha de la ville, attisant et alimentant toujours plus Jérôme et ses angoisses ? Impossible, mes douces ! Les réponses les plus sages (dans un contexte sain et équilibré, on s'entend) viennent toujours de notre Mère.

LE MESSAGE D'ARIEL

« En chaque être vivant, il y a une leçon, un apprentissage, un don. Tout ce qui est a sa raison d'être, seule l'ignorance souille ce qui a été donné pour évoluer, grandir et rayonner. Moi, Ariel, je vous reconnecte à ce vaste tout avec élégance. De la nature, vous accéderez à vos profondeurs, à votre intimité. Car la nature est votre mère, elle vous apporte l'écoute et la guidance dont vous avez besoin pour vous reconnecter à votre potentiel. Développer son lien avec la nature, c'est développer son lien avec soi-même. La Terre est votre demeure durant toute votre incarnation, prenez-en soin, chérissez-la, honorez-la à la hauteur de la valeur qui vous revient de droit. La nature vous nettoie, la nature vous guérit, la nature vous montre le chemin et vous donne tout ce dont vous avez besoin pour votre expansion. Grâce à mon énergie, la conscience des élémentaux est de mise, je vous accompagne dans ce lien Terre-Ciel, à l'image du cerf : solide, ancré et connecté. »

Visualisation pour retrouver son essence naturelle avec le pote en ciel Ariel

Fermez les yeux et prenez une grande inspiration. Portez votre attention dans votre espace personnel, au niveau du chakra du cœur, conscient de la position de votre corps, de votre respiration et des battements de votre cœur.

Faites quelques respirations, en conscience, pour laisser le calme s'installer en vous. Demandez à l'énergie de l'archange Ariel de venir à vous pour vous reconnecter aux bienfaits ressourçants de la nature. Ariel vous montre une image, celle d'un lieu naturel dans lequel vous vous sentez bien, qui symbolise le ressourcement et la paix pour vous. Qu'il soit connu ou pas, prenez le temps de vous visualiser dans ce paysage, de ressentir les odeurs, d'écouter les bruits et d'en observer les couleurs, ses petits habitants et toutes ses richesses. Plus vous avancez dans cette nature, plus votre corps devient lumineux, votre corps s'apaise, et vos batteries énergétiques se rechargent. Ne précipitez pas votre découverte, savourez.

Ouvrez les yeux et répétez à haute voix la phrase suivante :

« Je suis la Terre et je ne fais qu'un avec sa grandeur. Je suis connecté à l'énergie de l'archange Ariel, et tout est parfait ! »

TR'ANGES DE VIE

Quand et comment faire appel au pote en ciel Ariel ?

QUELQUES EXEMPLES…

Dans chacune de ces situations, rappelez-vous qu'il est essentiel de se poser et de créer un espace de réception. On ne demande avec le cœur qu'en prenant le temps de se connecter à lui ! Fermez les yeux, respirez et laissez-vous guider. Faites-vous confiance, toutes les réponses sont en vous !

C'EST LE BORDEL SUR LA TERRE

Exemple : « Je me sens très touché par l'état actuel de la Terre, la pollution, le climat et je souhaite m'investir davantage pour son bien-être. »

J'active mon pote en ciel : « Archange Ariel, aide-moi à trouver les bonnes actions à mettre en place pour prendre soin de la Terre. Tel le colibri, je souhaite apporter ma goutte d'eau à l'océan. Merci. »

Je note ici les idées inspirantes qui viennent à moi à la suite de ma demande :

....

....

....

....

....

....

....

....

....

JE SOUHAITE RENFORCER MON LIEN AVEC LES ANIMAUX

Exemple : « J'aime les animaux et je souhaite leur apporter le meilleur. J'aimerais communiquer facilement avec eux, en particulier avec mes animaux de compagnie. »

J'active mon pote en ciel : « Archange Ariel, permets-moi de faire le lien avec… (tel ou tel animal) Aide-moi à comprendre ce qui est bon pour lui et à lui transmettre davantage d'amour. Merci. »

Conseil

La plupart des personnes qui aiment les animaux communiquent naturellement avec eux, sans même s'en rendre compte. Lorsqu'on souhaite peaufiner cette communication, il suffit d'intentionnellement demander à se connecter au cœur de l'animal. Faites-vous confiance et notez sur un carnet ce qui vient instantanément à votre esprit (et sans jugement). Vous pouvez demander à Ariel d'augmenter le volume de cette connexion lorsque votre mental reprend le dessus.

JE SOUHAITE APPORTER UNE GUÉRISON À UN ANIMAL

Exemple: «Mon chien est malade et malgré son traitement médical il a du mal à récupérer. Je souhaite l'accompagner dans sa convalescence et lui faire du bien.»

J'active mon pote en ciel: «Archange Ariel, je demande à recevoir ton énergie d'amour afin d'apporter la guérison à… (donner le nom de l'animal). Permets-moi d'être le canal de ton énergie curative. Merci.»

Conseil

Vous pouvez visualiser l'énergie de l'archange Ariel se propager en vous, et ce, jusqu'au bout des mains. Puis posez vos mains sur votre animal avec la ferme intention de lui apporter du bien-être et de l'amour. Restez ainsi 10 minutes (plus si vous sentez que c'est nécessaire). Il se peut que vous ayez certaines idées bien-être ou convictions pour votre animal, à la suite de ce soin. Notez-les!

JE SOUHAITE METTRE PLUS DE « NATUREL » DANS MA VIE

Exemple: «Je souhaite avoir une vie plus saine, dans mon alimentation et dans ma consommation au sens général, mais je ne sais pas par quoi, ni par où commencer.»

J'active mon pote en ciel: «Archange Ariel, montre-moi le chemin d'une vie plus saine. Aide-moi à faire du bien à mon corps et à mon esprit en m'orientant vers les bons guides et les bonnes méthodes. Merci.»

Je note ici les idées inspirantes et/ou répétitives qui viennent à moi, les jours suivant ma demande (livres, thérapeutes, méthodes...):

....

....

....

....

....

....

....

....

....

ŒUVRER AVEC ET PAR LA NATURE

Exemple: «La nature fait sens pour moi, depuis toujours. Je souhaite me former dans une thérapie naturelle ou un type d'accompagnement pour guider les gens sur le chemin du bien-être, je me sens encore dans le flou. »

J'active mon pote en ciel: «Archange Ariel, montre-moi le chemin qui est le bon pour moi. Aide-moi à voir clairement les méthodes naturelles qui me correspondent le plus. Merci.»

Je note ici les idées inspirantes et/répétitives qui viennent à moi, les jours/semaines suivant ma demande:

....

....

....

....

....

....

....

....

....

Dans chacune de ces situations, notre pote en ciel va induire une énergie nouvelle chez nous, que je qualifierais d'« énergie collective » ! La Terre est ce globe qui nous offre ses appartements durant toute notre incarnation. Quand on décide d'œuvrer en son nom et pour elle, nous ouvrons les fenêtres et les portes en grand, nous nous reconnectons au grand Tout, celui qui prône le respect et la préservation de tout ce qui nous entoure. J'ai remarqué que l'énergie d'Ariel, au-delà de l'insufflation d'idées inspirantes, apporte une toute nouvelle compréhension de la pachamama. Vos goûts vont changer, votre sensibilité au monde va changer, votre consommation va changer et vos connexions avec la nature et ses éléments vont augmenter. Cela nous conduit à poser des actes bien plus grands que ceux envisagés de prime abord. La Mama est grande, elle a donc besoin de grandes âmes, prêtes à œuvrer en grand. Et croyez-moi, en retour, elle saura en prendre également grand soin.

Chapitre 14

Archange Azraël
le passeur d'âmes

SUPER-POUVOIRS

Liens avec l'invisible - vies antérieures - deuil

MANTRA

« Je suis le Tout ! »

L'archange Azraël est le pote en ciel qui permet à notre âme de voyager sur les différents plans énergétiques. Il accompagne Pénélope dans sa traversée des différentes incarnations et l'aide à s'extraire de son véhicule, le moment venu, avec classe et bienveillance. Pourvu d'une grande générosité, il développe en nous le sentiment de soutien en période de deuil. Il crée le passage de la densité à la subtilité. J'ai vraiment envie d'être claire sur les bienfaits de ce pote en ciel, car, selon moi, ils prennent deux axes, certes liés, mais qui méritent leur dose d'explications.

Azraël deale avec la mort. Rien de négatif à cela. La mort physique signifie « quitter son véhicule terrestre ». Il aide donc les âmes prêtes à troquer la voiture contre la fusée, à intégrer la force centrifuge, à s'adapter au changement sans trop flipper. En ce sens, nous l'appelons le « passeur d'âmes », car il accompagne dans la lumière en mode « cocoon ». De la même manière, il réconforte les âmes qui restent sur le parvis. Un jour, mon tour viendra… bien évidemment. Parallèlement, et de mon expérience personnelle, Azraël nous aide à nous connecter à notre disque dur, à notre bibliothèque d'âmes. Dans cette incarnation, notre âme est revenue chargée des expériences de ses vies passées. Certaines blessures « sonnent » plus que d'autres, certaines capacités, peurs ou blocages semblent aller au-delà de cette expérience terrestre. De par cette connexion à nos données internes, il nous offre la compréhension de notre grand voyage, au-delà de l'espace-temps, regroupant toutes les incarnations essuyées et pliées. Jérôme cherche très souvent à comprendre, ici et maintenant, d'où viennent les blocages ou peurs irrationnelles. Pénélope, elle, sait que ses nombreuses incarnations l'ont fait suer et que l'incarnation présente lui offre la possibilité de se réconcilier avec les précédentes, tout simplement en y mettant une dose d'amour et de compréhension. Offrez-vous cette dose de compassion et de soutien ; traverser la vie terrestre et ce que cela implique, c'est courageux !

PETIT TOP' HAUT SUR LA MORT

La mort est un sujet délicat. Nous y sommes tous confrontés, un jour ou l'autre. Laisser partir un proche est douloureux. Chaque fois que nous tournons une page, que quelque chose se « termine », sur le plan terrestre, nous traversons le deuil, cette phase qui nous fait vivre tout un milk-shake d'émotions désagréables. On s'en passerait bien, je vous l'accorde. La mort a été ma plus grande enseignante et ma plus belle reconnexion spirituelle. Elle m'a offert la compréhension du plan global de la vie. Tout simplement parce que j'ai eu besoin de comprendre « la mort » et qu'un simple « tout est fini, que nenni maintenant » engendrait trop de souffrance chez moi. L'incarnation n'est pas faite pour souffrir, mais pour se libérer de la souffrance, donc si je souffre en regardant un chemin, c'est qu'il y en a forcément un autre, plus doux pour moi. Logique marinesque !

Nous sommes tous connectés, et le plan érigé par les âmes avant de s'incarner est sans failles. Les pactes d'âme à âme sont posés, nous permettant à tous de grandir et d'évoluer. Chaque départ, même le plus prématuré, est programmé pour notre évolution commune. Dans la mort, j'ai trouvé la vie, la vraie vie. Celle qui va au-delà des corps physiques, celle qui fait que le lien ne se brise jamais, celle qui a ouvert mon esprit aux différents mondes subtils, celle qui m'a reconnectée à mes « super-pouvoirs », me permettant d'être en communion avec les âmes qui ont largué leur véhicule, alors que je suis toujours *on the road*. Le deuil est normal, il fait partie de la traversée. Maintenant, il y a deux manières de vivre le départ d'un proche sur la durée. La première nourrit Jérôme qui ne cesse de s'abreuver de pensées pleines de souffrance. Face contre terre, elles me recouvrent peu à peu jusqu'à m'étouffer. La deuxième élève Pénélope dans sa compréhension du grand Tout. Tournée vers le ciel, elle peut voir au-delà des corps physiques. La première fait souffrir, la deuxième libère. En toute bienveillance, laquelle choisissez-vous ?

LE MESSAGE D'AZRAËL

« La mort physique est un passage. Elle fait partie du voyage et ouvre vos horizons. Vous n'êtes pas cette incarnation. Vous n'êtes pas un nom, un prénom et une profession. Vous êtes bien plus grand. Vous êtes une âme dont les perspectives sont multiples. La mort physique est un passage. Moi, Azraël, je vous accompagne dans ce passage, je vous guide vers la lumière de votre âme, vers la lumière de toutes les âmes. J'apporte douceur et réconfort dans cette transition. Je vous permets de comprendre ce qui est et ce que votre âme est venue guérir, bien au-delà de l'espace-temps. Quand vous regardez la graine que vous pensez être, je vous montre le champ de tournesols que vous êtes réellement. J'établis vos connexions avec le grand Tout, vous permettant de tout voir, tout comprendre et tout entendre. J'accompagne les âmes qui œuvrent pour les défunts, qui créent le lien Terre-Ciel, qui élargissent les consciences de la vie après la vie. Je vous accompagne dans la compréhension de la traversée globale, mais également dans la compréhension de votre traversée personnelle, de vie en vie. Je suis l'espace-temps et je permets la compréhension de ce dernier.

Moi, Azraël, je vous prends la main sur le chemin de la conscience, connectée à la Source, que votre incarnation soit terminée ou toujours d'actualité. »

Visualisation pour faire passer une âme dans la lumière avec le pote en ciel Azraël

Fermez les yeux et prenez une grande inspiration. Portez votre attention dans votre espace personnel, au niveau du chakra du cœur, conscient de la position de votre corps, de votre respiration et des battements de votre cœur.

Faites quelques respirations, en conscience, pour laisser le calme s'installer en vous. Demandez à l'énergie de l'archange Azraël de venir à vous, afin de vous aider à faire passer une âme (citez son nom) dans la lumière de la Source. Visualisez cette personne en face de vous. Votre cœur s'ouvre, et une immense bulle d'amour vient entourer cette personne. Cette bulle est très lumineuse, elle est votre connexion éternelle d'âme à âme. Donnez ce que vous souhaitez donner à cette personne (mots, gestes...). Puis demandez à Azraël de guider cette âme vers la lumière. Instantanément, Azraël vient prendre la main de cette personne, installant calme et sécurité. La personne se transforme en étincelle de lumière et va rejoindre les étoiles pour éclairer le ciel.

Ouvrez les yeux et répétez à haute voix la phrase suivante :

« Tu es maintenant dans la lumière, accompagné par l'énergie de l'archange Azraël, et tout est parfait. »

TR'ANGES DE VIE

Quand et comment faire appel au pote en ciel Azraël ?

QUELQUES EXEMPLES...

Dans chacune de ces situations, rappelez-vous qu'il est essentiel de se poser et de créer un espace de réception. On ne demande avec le cœur qu'en prenant le temps de se connecter à lui ! Fermez les yeux, respirez et laissez-vous guider. Faites-vous confiance, toutes les réponses sont en vous !

TRAVERSER LE DEUIL

Exemple : « J'ai perdu un proche, ma souffrance est énorme, j'ai besoin de retrouver la paix, car je suis effondré. »

J'active mon pote en ciel : « Archange Azraël, libère mon cœur de sa peine, aide-moi à surmonter cette épreuve, à transcender ma souffrance et à faire mon deuil. Merci. »

Conseil

Visualisez l'énergie de l'archange Azraël vous emplir de lumière, dissipant les zones de tristesse avec amour et réconfort. Imaginez un cocon bienveillant dans lequel vous pouvez vous réfugier, et dans lequel vous pouvez être en lien avec votre proche défunt. Vous êtes en sécurité, vous êtes aimé, les liens du cœur ne se brisent jamais.

ENTENDRE CLAIREMENT LES MESSAGES D'UN DÉFUNT

Exemple: «Je ressens parfois les défunts, ils se présentent à moi, mais je ne sais pas quoi faire avec ça. »

J'active mon pote en ciel: «Archange Azraël, aide-moi à entendre clairement ce que ce défunt a à me dire. Permets-nous de créer le lien en toute bienveillance et dans la sécurité de ta lumière. Merci.»

Conseil

Prendre une feuille et un stylo et noter tout ce qui traverse votre esprit concernant ce défunt.

COMPRENDRE LA VIE APRÈS LA VIE

Exemple: «J'ai besoin de comprendre le grand Tout! C'est quoi le plan, au juste? Il se passe quoi quand on meurt? Pourquoi tant de souffrance autour de la mort? Peut-on communiquer avec les "morts"?»

J'active mon pote en ciel: «Archange Azraël, donne-moi des informations sur l'après vie terrestre. Aide-moi à comprendre le plan des âmes et à élever ma conscience. Merci.»

Suite à cette demande, vous allez être attiré par certaines lectures, entendre des discours sur l'après-vie qui font «écho», ou prendre conscience de certaines choses, veuillez noter tout ça ici:

....

....

....

....

....

....

....

....

....

....

....

....

SE RECONNECTER AUX VIES PASSÉES

Exemple: «J'ai une peur très présente en moi, celle de m'investir dans une relation. Je ne sais pas d'où vient cette peur, son intensité est très élevée, et je ne saurais l'expliquer dans ce que j'ai expérimenté.»

J'active mon pote en ciel: «Archange Azraël, montre-moi d'où vient cette peur afin que je puisse la libérer en m'apportant l'amour dont j'ai besoin. Merci.»

Je note ici les rêves, idées et sensations qui viennent à moi, les jours suivant ma demande:

....

....

....

....

....

....

....

....

....

VOYAGES ASTRAUX

Exemple: «La nuit, mon esprit s'évade et va visiter d'autres lieux, d'autres sphères J'aimerais conscientiser pleinement les voyages de mon âme et me sentir en sécurité.»

J'active mon pote en ciel: «Archange Azraël, accompagne-moi dans mes voyages à travers l'espace-temps. Aide-moi à comprendre toutes les informations qui me sont données dans mes rêves et bien au-delà. Merci.»

Conseil

Notez chaque matin ce dont vous vous souvenez de votre voyage de la nuit, cela vous permettra de mettre de la conscience sur vos déplacements astraux!

L'énergie de notre pote en ciel Azraël est très subtile, et, dans chacune de ces situations, écoutez votre intuition et seulement votre intuition. Nous sommes, là, dans l'une de nos plus hautes sphères spirituelles, celle qui nous demande de nous écouter et de nous faire confiance par rapport à ce que nous recevons. Cette sphère fait appel à notre sensibilité, et il n'y a pas de place pour le rationnel. Alors, si vous cherchez des «preuves» par A + B que vos ressentis soient exacts, qu'un défunt se trouve dans la pièce ou que vous avez été Jeanne d'Arc dans une autre vie… croyez-moi, vous perdez votre temps! On ne joue pas dans la même cour, là, et on ne peut obtenir des preuves de «cartésien» dans ce subtil jeu. Qu'il s'agisse de rêves précis, de «sensations» non explicables, d'imagerie mentale ou d'idées qui s'imposent à vous sans trop savoir d'où ça vient… Si ça fait écho chez vous, c'est que vous êtes très certainement dans le vrai de vos ressentis. Alors je vous le répète, mes chères pépites, vous êtes les seules à pouvoir valider vos ressentis, faites-vous confiance et testez ; tout se crée dans l'expérience !

Chapitre 15

Archange Raguel
le coach relationnel

SUPER-POUVOIRS

Relations harmonieuses - libération des conflits - amitié

MANTRA

« Je suis bien entouré ! »

L'archange Raguel est le pote en ciel qui active en nous la co-création parfaite et harmonieuse. Quand je dis « co-création », j'entends le fait de s'entourer de personnes qui nous ressemblent et avec lesquelles on peut avancer *easy baby on the road*. J'ai longtemps eu cette impression étrange d'être différente des autres. J'observais le monde et ses habitants et je me sentais « à côté de la plaque ». Suis-je normale ? Jérôme se sentait profondément frustré ! Puis, un jour, Pénélope a fait péter l'abcès : « Marina, les personnes qui t'entourent ne sont qu'un reflet de toi. Sois authentique, sois vraie et tu attireras à toi des personnes qui le sont également ! » Autant vous dire que ça a éclaboussé ! Jérôme n'était absolument pas d'accord : « L'enfer, c'est les autres », me répétait-il ! Il était beaucoup plus simple de me décharger de toute forme de responsabilité face à cette « cata » relationnelle. L'énergie de Raguel nous ouvre les portes de l'authenticité, en nous aidant à tomber les masques !

Sous les rythmes du carnaval de Rio, nous avons empilé, au fil de nos expériences, bien des masques. Celui de la personne aidante, celui de l'oreille attentive, celui de la femme forte, de l'homme indifférent, de l'acteur passif, du soumis, du clown... Oh, j'en passe et des quenelles ! Le but de ces masques est de protéger le vrai Soi qui a peur de ne pas, ou plus, être aimé s'il se montre tel qu'il est. Ce Soi qui s'est construit une image de toutes pièces et qui a peur d'être coupé des autres (#shrek). Seulement voilà, je ne peux obtenir des pépites d'or si je montre des pépins de courge !

Raguel nous aide à prendre conscience de l'effet miroir qui se joue dans chaque relation, du lien infiniment parfait qu'il existe entre ce que je vis intérieurement et ce qui se crée extérieurement, dans mes relations. Qu'elles soient amicales, sentimentales ou professionnelles, mes relations deviennent harmonieuses le jour où cette harmonie s'installe en moi, dans mes différentes facettes, dans l'acceptation et l'expression totale de qui je suis vraiment. Dans mes lumières et dans mes ombres, *of course*. J'ajouterais même que l'harmonie prend place le jour où je trouve mon équilibre entre ce que je donne et ce que je reçois. Si tout s'équilibre en moi, je suis prête à ouvrir mon cœur aux autres, sans peurs ni frayeurs. Et sans attentes, également.

L'énergie de Raguel développe notre empathie, envers nous-mêmes et envers les autres, pour que le « ne pas prendre les choses pour soi » des 4 accords toltèques puisse prendre sa juste place. Avec lui, fini les conflits. Raguel nous aide à nous positionner, en nous donnant la priorité, car c'est ainsi qu'on se déleste des relations toxiques et sans intérêt croissant, en prenant la responsabilité de son bonheur, et que l'on attire à soi des personnes qui en font tout autant.

PETIT TOP'HAUT SUR L'AUTHENTICITÉ

Créer des relations harmonieuses demande de livrer son SOI profond, mais ça, ça fait peur ! Être authentique dans le partage de ma vision spirituelle m'a fait suer avant de m'en délecter. Mon expression peut déranger, agacer, voire en rebuter certains, j'en ai conscience. Je sors du « cadre » en proposant mon authenticité. La vraie Marina, un gâteau sans appareil trop pompeux et saupoudré de quelques jurons fantaisistes. Oui, ça demande du courage d'être authentique avec soi-même et avec les autres, de s'aligner à qui l'on est et de l'exprimer aux gens qui nous entourent. Les peurs font forcément surface, les masques sont mis à nu ! Mais comment puis-je obtenir ce qui est bon pour moi si je ne m'accepte pas telle que je suis ? Comment être entourée des personnes qui me conviennent si je ne montre pas la vraie MOI ? Comment avoir des lecteurs dans la même vibration que moi si j'affiche des transmissions profondément chiantes et fadasses ? Impossible, en fait ! N'ayez pas peur de laisser partir les personnes qui ne vous conviennent pas, vous vous sentirez gâté de laisser entrer celles qui vous ressemblent ! (#pasunreloudansmaclientele)

Être authentique, ce n'est pas « simplement » exprimer haut et fort, avec un porte-voix, son positionnement « bien-être », c'est aussi, et surtout, partager ce qui se passe dans les tripes, dans la sphère émotionnelle, les pépites !

- Je suis authentique chaque fois que je partage ma vision, même si elle diffère de celle de Jean-Paul.
- Je suis authentique chaque fois que j'exprime mon besoin de l'instant, sans compromis avec Jérôme.

– Je suis authentique chaque fois que j'ose partager ma vulnérabilité, sans jugement de moi (c'est souvent ce point-là qui est le plus compliqué, mais également celui qui change tout).
– Je suis authentique chaque fois que j'ose dire à quelqu'un qui abuse, qu'il abuse ! Faire respecter son espace personnel est l'une des clés de l'amour de soi.

Quand je rentre dans cette authenticité-là, fini les relations « fake », on est dans de l'échange vrai. Quand j'ouvre la porte de ma propre vérité intérieure, je viens forcément toquer à celle des autres.

LE MESSAGE DE RAGUEL

« Lorsque je prends soin de moi, je ne t'enlève rien. Lorsque je prends soin de moi, je te montre simplement le chemin. Vous êtes votre priorité. Les obligations et les attentes tuent les relations. Moi, Raguel, je vous accompagne dans le challenge de bien vivre avec les autres. Je vous aide à faire de vous et de votre bien-être votre priorité, là est votre seule responsabilité. C'est en prenant soin de soi que l'on peut prendre soin des autres. C'est en prenant soin de soi que l'on montre, de la manière la plus juste, le chemin. Vous n'êtes responsable que de votre bien-être. N'ayez pas honte d'affirmer votre lumière et votre authenticité. Vous êtes parfait tel que vous êtes, et c'est dans la vulnérabilité que se trouvent toutes vos clés. En acceptant cette vulnérabilité telle une force et non une faiblesse, vous avez accès à votre boussole, celle qui sait spontanément ce (et ceux) qui est bon pour vous et ce qui ne l'est pas. Faites-lui confiance et laissez-vous guider par elle, elle fraye le chemin des relations saines. La sélection se fait par la sensibilité du cœur, et cette dernière ne pourra que renforcer votre confiance intérieure. »

Visualisation pour « renforcer votre lien » à l'autre avec le pote en ciel Raguel

Fermez les yeux et prenez une grande inspiration. Portez votre attention dans votre espace personnel, au niveau du chakra du cœur, conscient de la position de votre corps, de votre respiration et des battements de votre cœur.

Faites quelques respirations, en conscience, pour laisser le calme s'installer en vous. Prenez le temps de visualiser vos relations actuelles. À quoi ressemblent-elles ? Puis demandez à l'énergie de l'archange Raguel de venir à vous, afin de vous aider à enlever vos masques de protection, ces masques qui vous coupent des autres et qui vous coupent de votre authenticité. L'énergie de Raguel enlève peu à peu les filtres qui voilent votre belle lumière. Observez les masques s'ôter les uns après les autres et votre lumière se répandre automatiquement. Cette lumière vous connecte naturellement aux autres avec amour. Vous êtes maintenant libre de rayonner pleinement, entouré de personnes rayonnantes.

Prenez le temps qu'il vous faut pour intégrer cette « mise à nu » emplie d'amour.

Ouvrez les yeux et répétez à haute voix la phrase suivante :

« Je suis libre d'être et d'exprimer qui je suis, entouré de personnes bienveillantes et aimantes. Je suis connecté à l'énergie de l'archange Raguel, et tout est parfait ! »

TR'ANGES DE VIE

Quand et comment faire appel au pote en ciel Raguel ?

QUELQUES EXEMPLES...

Dans chacune de ces situations, rappelez-vous qu'il est essentiel de se poser et de créer un espace de réception. On ne demande avec le cœur qu'en prenant le temps de se connecter à lui ! Fermez les yeux, respirez et laissez-vous guider. Faites-vous confiance, toutes les réponses sont en vous !

DU FAUX SOI AU VRAI SOI

Exemple : « J'ai du mal à être vraiment moi avec les autres. J'imagine ce que l'on attend de moi et je m'impose donc certaines "obligations" dans l'être et le faire. J'aimerais sortir de ces attentes fictives pour être le vrai moi, tout simplement. »

J'active mon pote en ciel : « Archange Raguel, aide-moi à être dans mon authenticité personnelle, uniquement connecté au respect de moi-même, à chaque instant. Balaye toutes formes de paroles ou d'attitudes qui ne respectent pas ce que je suis ou ce que je désire au fond de moi. Merci. »

Conseil

Accéder au vrai soi en 4 étapes.

Prenez de quoi écrire.

1. Observez en conscience le masque que vous portez dans l'une de vos sphères relationnelles (familiale, amoureuse, sociale, professionnelle).

Quelle attitude avez-vous ? Que dites-vous ? Que faites-vous ?

....

....

....

....

....

2. Quelle peur se planque derrière ce masque ? Si vous êtes vraiment vous, que risquez-vous ?

....

....

....

....

....

3. Comment agiriez-vous si vous étiez vraiment vous ?

....

....

....

....

....

....

4. Faites appel régulièrement à l'énergie de Raguel pour vous autoriser ce vrai Soi.

DÉLIMITER SON ESPACE PERSONNEL

Exemple: «Je me sens régulièrement "abusé" par les autres, car je ne sais pas dire non. Je prends des responsabilités qui ne sont pas les miennes, sous couvert d'empathie ou de gentillesse. Mais le résultat est que je me sens bien souvent frustré !»

J'active mon pote en ciel: «Archange Raguel, aide-moi à délimiter mon espace personnel en tout temps et en toute situation. Aide-moi à libérer ma parole pour que je puisse exprimer à chaque instant mes priorités personnelles. Merci.»

Conseil

Conscientiser son intériorité.

1. Noter différentes situations où vous avez dit «OUI» alors que vous auriez voulu dire «NON». Mettre en face de ces situations ce que vous avez ressenti.

....

....

....

....

....

2. Noter différentes situations où vous vous êtes autorisé à dire NON quand vous pensiez non, ou OUI quand vous pensiez oui. Mettre en face de ces situations ce que vous avez ressenti.

....

....

....

....

....

Point fait, on mise sur quoi à présent?

....

....

SE LIBÉRER DU JUGEMENT DES AUTRES

Exemple: «J'ai tellement peur d'être rejeté des autres, moqué ou montré du doigt, que je n'ose pas vraiment être moi. »

J'active mon pote en ciel: «Archange Raguel, aide-moi à aimer et à donner de la valeur à mes différentes facettes. Aide-moi à me libérer du regard des autres, tout comme je libère les autres de mon regard. Merci.»

Conseil

En se libérant du jugement des autres, je me libère de la peur d'être jugé. En acceptant l'autre tel qu'il est, je peux m'autoriser à être également tel que je suis. Seul mon propre jugement fait rage.

Demandez à l'énergie de Raguel d'inonder vos pensées de lumière chaque fois que vous êtes pris en flagrant délit de jugement (de vous-même ou des autres). Se libérer du jugement laisse place à la liberté d'Être.

RÉSOUDRE UN CONFLIT

Exemple: «Je suis en conflit avec quelqu'un. On a du mal à se comprendre, et je n'arrive plus à trouver les bons mots pour rétablir une communication saine et retrouver la paix dans cette relation.»

J'active mon pote en ciel: «Archange Raguel, aide-moi à trouver les bons mots et à m'exprimer avec bienveillance. Aide-moi à sortir du conflit et donne-moi les clés pour faire évoluer cette relation dans la paix et l'amour! Merci.»

Conseil

Faites preuve d'ouverture.

ALLIANCES RELATIONNELLES

Exemple: «J'ai pas mal bossé sur moi, et ce cheminement personnel m'a amené à vider mon placard relationnel. J'ai besoin de faire rentrer de nouvelles personnes dans ma vie, des personnes qui me ressemblent!»

J'active mon pote en ciel: «Archange Raguel, aide-moi à rencontrer des personnes qui me ressemblent et avec lesquelles je peux avoir des échanges vrais et authentiques. Montre-moi le chemin pour rencontrer ces êtres de cœur. Merci.»

Noter ici les idées et pistes envoyées :

L'énergie de notre pote en ciel Raguel va constamment nous inviter au positionnement, qu'il soit à l'intérieur de nous ou à l'extérieur. Pour être harmonieux, l'un ne va pas sans l'autre. Être authentique pour créer des relations authentiques demande de faire preuve de beaucoup d'honnêteté. Avec Raguel, vous allez être invité à vous regarder « en dedans », à observer certains rôles que vous jouez et qui ne sont pas réellement vous. Raguel nous donne « l'autorisation » ou le coup de fouet pour tomber les costumes et nous montrer le chemin de cette authenticité d'Être dans la confiance. Vous allez être poussé à sortir de votre zone de « confort » en livrant votre vulnérabilité (bonjouuuur, émotions !). Mais c'est en elle et à travers elle que les plus beaux ponts relationnels se font.

Chapitre 16

Archange Sandalphon
le capitaine

SUPER-POUVOIRS
Instant présent – ancrage - passage à l'action
MANTRA
« Tout se crée ici et maintenant ! »

L'archange Sandalphon est le pote en ciel qui nous aide à être « ici et maintenant ». Car tout se crée dans l'instant présent, absolument tout. Quand je pense à l'énergie de Sandalphon, j'ai l'image d'un capitaine qui jette l'ancre, il est ainsi associé à l'ancrage ! Parfois, je plane, je m'évade et je trouve refuge dans cette petite bulle de bien-être, entre rêveries et fantasmes, loin des tumultes de l'incarnation. Une partie de moi – Jérôme, *of course* – pense que c'est vraiment chiant la vie et qu'il est difficile d'être pleinement épanouie vu la conjoncture actuelle (#calimero). Il laisse entendre à Pénélope que le bien-être se trouve dans la fuite, dans sa bulle « haut perchée » qui l'envoie, telle une fusée, se délecter dans sa rêverie. Pénélope a le cœur dans les étoiles, mais son véhicule, lui, n'est pas branché à ça, il a donc du mal à « acter ». Eh bien, avec Sandalphon, on redescend sur Terre pour faire le lien entre les désirs de Pénélope et la concrétisation de ces derniers. Je vous le rappelle, mes chères pépites, « rien ne se crée le cul sur le canapé ». Sandalphon nous aide à passer à l'action, à aller de l'avant dans nos désirs de cœur, sur le tempo des plaisirs et de ce qui nous met en joie. Avec lui, on cesse de regarder dans le rétroviseur de sa vie ou de faire des suppositions souvent angoissantes quant à l'avenir, on se concentre sur l'instant présent.

Ma grand-tante Germaine, qui était dans les ordres, avait d'ailleurs partagé cette juste maxime, dont je vous livre un passage :

LE MOMENT PRÉSENT EST UNE FRÊLE PASSERELLE :
SI TU LE CHARGES DES REGRETS D'HIER ET DE L'INQUIÉTUDE DE DEMAIN,
LA PASSERELLE CÈDE, ET TU PERDS PIED.

C'est fort bien dit, ça, et tellement juste !

Sandalphon oriente notre vision vers ce qui est « kiffant », afin de développer le sentiment de gratitude, qui est l'un des piliers créateurs.

La gratitude ouvre des perspectives, on ne reçoit que ce que l'on est prêt à recevoir, donc, si je crache sur ce qui est déjà présent dans ma vie, je ferme à double tour les portes du recevoir.

Lorsque Pénélope danse, les stroboscopes s'allument, et la scène s'éclaire. Sandalphon nous connecte à l'instant présent en tout temps pour que nous puissions avancer au son des *good vibes* de Pénélope et faire des choix connectés au cœur.

Avec lui, je regarde ce qui est beau, ce qui est bien et ce qui est grand. J'apprécie tout ça et je m'autorise à poser les prochaines pierres sur mon chemin, pour aller toucher les étoiles.

PETIT TOP'HAUT SUR L'ANCRAGE

L'antagonisme entre le spirituel et la matière est encore très présent. Un peu comme si nous ne pouvions pas être « connectés » et « ancrés ». Nous nous fourvoyons sur l'ancrage, en le reliant bien trop souvent uniquement à la matière. Pouvons-nous considérer qu'une personne en mode « métro-boulot-dodo » est plus ancrée qu'une personne qui pense, réfléchit et cherche à se connecter à ses besoins d'âme ? Je ne pense pas, non. L'ancrage est le fait d'agir dans la matière en étant connecté à ce qui fait sens pour soi. Agir sans cette connexion, sans ce lien entre l'âme et le corps, c'est être « perché ». Agir sans se poser de questions, comme nous aurions programmé un robot, c'est être déconnecté de soi. Ce qui fait l'ancrage, c'est l'équilibre et la cohérence entre ce qui est bon pour moi et ce que je mets en place dans mon incarnation, dans mon quotidien. Certaines personnes agissent sans être connectées à leur âme, d'autres le sont mais n'agissent pas. Dans les deux cas, l'ancrage est à travailler.

Je me sens pleinement présente dans mon incarnation quand je mets mon corps au service de mon cœur, de mon âme, et non au service de mon mental. Être attentif à ce qui se passe en nous, tant sur le plan émotionnel que mental, nous permet de redresser la barque en temps de « crise ». Notre corps est notre véhicule, c'est par lui et à travers lui que nous recevons les doux murmures de notre âme. Ne pas l'écouter, c'est se gâcher. À méditer.

LE MESSAGE DE SANDALPHON

« Être connecté à ses différents corps, faire le lien entre eux et danser à l'unisson vous permet de trouver votre propre rythme, dans le respect de qui vous êtes. Rabelais disait : « Science sans conscience n'est que ruine de l'âme. » Et moi, je vous dis : « Conscientiser sans œuvrer n'est que ruine de l'âme, aussi. » Moi, Sandalphon, je vous accompagne à vous connecter à l'instant présent, à écouter les différentes facettes qui vous animent et à œuvrer de manière juste afin de les faire respecter. Lorsque vous faites l'amour avec une sœur d'âme et profitez des plaisirs de la chair, les corps s'unissent. Ce qui en résulte est aléatoire, parfois, c'est bon, et parfois, ça ne l'est pas. Lorsque vous faites l'amour avec vous-m'aime, ce sont VOTRE âme et VOTRE corps qui s'unissent, l'orgasme qui en résulte est toujours jouissif. Être dans l'instant présent, c'est être dans cette fusion cœur-corps à chaque instant, afin de laisser « l'âme-agit » se mettre en place dans votre vie. Moi, Sandalphon, je vous aide dans cette fusion et vous permets d'acter dans la bonne direction, pour que vos désirs sortent de l'illusion et que la rêverie devienne réalité. »

Visualisation pour créer le lien entre l'âme et le corps avec le pote en ciel Sandalphon

Fermez les yeux et prenez une grande inspiration. Portez votre attention dans votre espace personnel, au niveau du chakra du cœur, conscient de la position de votre corps, de votre respiration et des battements de votre cœur.

Faites quelques respirations, en conscience, pour laisser le calme s'installer en vous. Demandez à l'énergie de l'archange Sandalphon de venir à vous afin de créer le lien entre les désirs de votre âme et votre véhicule terrestre. Imaginez une petite bulle qui se balade dans les airs. Cette petite bulle est la gardienne de votre âme et de tout ce qui la met en joie. Prenez le temps de passer vos désirs en revue, ils sont tous contenus dans cette bulle. Puis l'énergie de Sandalphon attrape la bulle pour la réintégrer dans votre corps. Votre corps frissonne d'énergie positive et s'emplit de lumière. Utilisez votre respiration pour cristalliser chacun de vos désirs dans une partie de votre corps et ressentez-en les bienfaits. Prenez le temps qu'il vous faut.

Ouvrez les yeux et répétez à haute voix la phrase suivante :

« Mon corps est lié ici et maintenant à tous mes désirs d'âme. Je suis connecté à l'énergie de l'archange Sandalphon, et tout est parfait ! »

TR'ANGES DE VIE

Quand et comment faire appel au pote en ciel Sandalphon ?

QUELQUES EXEMPLES...

Dans chacune de ces situations, rappelez-vous qu'il est essentiel de se poser et de créer un espace de réception. On ne demande avec le cœur qu'en prenant le temps de se connecter à lui ! Fermez les yeux, respirez et laissez-vous guider. Faites-vous confiance, toutes les réponses sont en vous !

JE N'ARRIVE PAS À PASSER À L'ACTION

Exemple : « Je souhaite avancer vers mes projets de cœur, mais mes peurs me rattrapent sans cesse, le doute s'installe, la pression augmente et me paralyse. »

J'active mon pote en ciel : « Archange Sandalphon, aide-moi à me connecter pleinement à mes projets de cœur, qu'ils puissent grandir en moi et me permettre d'agir dans la confiance de leur réalisation. Merci. »

Conseil

Ne pas réfléchir au «comment», mais rester simplement et quotidiennement aligné au plaisir de nourrir un projet qui fait sens pour soi. Engager chaque jour une action, même la plus petite qui soit, pour faire grandir ce projet et le laisser prendre sa juste place. Ne pas regarder le sommet de la montagne, mais avancer pas après pas. Le chemin se fait.

JE « PLANE »

Exemple: «J'ai la tête dans les étoiles, je traverse mes journées sans conscience, comme "déconnecté" de moi. »

J'active mon pote en ciel: «Archange Sandalphon, merci de m'aider à redescendre dans mon corps, à ne faire qu'un avec lui. Merci.»

Conseil

Prendre le temps d'écouter et de lire son corps quotidiennement. Fuir son corps ne nous aide pas à œuvrer. Posez-vous cette question régulièrement: «De quoi ai-je besoin?» Et faites en sorte d'acter pour y répondre!

INSTANT PRÉSENT

Exemple: «Entre les peurs du passé et l'angoisse du futur, mon esprit est partout sauf ici et maintenant, dans l'instant présent! J'ai donc du mal à kiffer.»

J'active mon pote en ciel: «Archange Sandalphon, aide-moi à me connecter à la beauté de l'instant présent. Permets-moi de voir ce qui est bon pour moi et ce qui ne l'est pas, afin que je puisse faire des choix alignés. Merci.»

Conseil

Tout se crée dans l'instant présent. Il est donc important d'y être connecté pour œuvrer. Devant chaque situation de vie, demandez-vous:

«Est-ce que ça vibre chez moi de faire ça?» Mettez de la conscience dans l'instant présent, et si ça ne vibre pas, créez le changement nécessaire pour ajuster votre boussole!

Être dans l'instant présent demande de la «rigueur», car cela sous-entend de regarder la vie d'une certaine manière, de rester «focus», ici et maintenant, sans se laisser déborder! Ne précipitez pas ce travail. Répétition = automatisation! En vous aidant, chaque jour, de l'énergie de Sandalphon, vous adopterez rapidement cette nouvelle réalité!

J'AI DU MAL À INCARNER MA SPIRITUALITÉ

Exemple: «Je nourris beaucoup mon intellect de spiritualité! J'ai des prises de conscience, mais je n'arrive pas à les mettre en pratique dans mon quotidien, car j'ai peur de passer pour une personne "perchée".»

J'active mon pote en ciel: «Archange Sandalphon, aide-moi à incarner ma spiritualité dans chaque acte du quotidien! Merci.»

Conseil

Quelle est la notion spirituelle que vous souhaitez mettre en application, à l'heure actuelle? (positionnement, pardon, pensée positive, exprimer ses envies, développer un projet de cœur, dire non…). Mettez le doigt sur votre besoin spirituel du moment, et notez ici les actions que vous pouvez mettre en place dans votre quotidien permettant d'ancrer cette notion dans votre réalité et de créer le changement désiré.

....

....

....

....

....

....

MON CORPS, MON ENNEMI

Exemple: «Je n'aime pas mon corps. Tout se passe dans ma tête, mais je fuis perpétuellement ce corps qui est le mien. »

J'active mon pote en ciel: «Archange Sandalphon, aide-moi à m'ancrer dans mon corps et à l'accepter tel un outil puissant œuvrant pour les désirs de mon âme. Je demande à établir la connexion à ce corps avec amour. Merci.»

Conseil

Regardez votre corps avec les yeux de l'amour, tel un outil de création permettant à votre âme de s'exprimer pleinement. Prenez quotidiennement le temps d'apporter un geste d'amour à votre véhicule ! Visualisez l'énergie de l'archange emplir votre corps de lumière d'amour aussi souvent que le besoin s'en fait ressentir. Puis passez-vous de la crème, ça fait du bien.

Je remarque que l'énergie du pote en ciel Sandalphon nous ramène instantanément dans le corps. Dans chacune de ces situations, vous allez être poussé à faire une écoute attentive de votre véhicule, pour vous y reconnecter pleinement ! Sandalphon nous invite toujours à nous bouger les fesses pour réintégrer ce corps, que ce soit par le biais d'activités physiques, de thérapies corporelles, de gestion des émotions, de balades en forêt... Et j'en passe ! Quand ça touche au corps et à sa mise en action, que les idées viennent à vous par le biais de vos pensées ou de l'extérieur (soyez attentif), soyez certain que c'est une réponse de l'archange à votre demande !

Chapitre 17

Archange Uriel
le génie

SUPER-POUVOIRS

Abondance - amour - connaissance - pardon

MANTRA

« Je suis abondance ! »

L'archange Uriel est le pote en ciel qui nous connecte à la connaissance et à la sagesse du cœur ! On l'appelle « le guide des guides », car cette énergie nous donne accès à notre plus haut niveau de connaissance. Ainsi, nous pouvons capter ce qui se joue en toutes situations afin de trouver les solutions bienveillantes à l'épanouissement de Pénélope. Quand Jérôme regarde la boue sur la route, Pénélope, elle, voit tout l'itinéraire et peut ainsi choisir le meilleur chemin pour se rendre à destination. J'aime l'appeler « l'ange de l'Abondance », car en connectant le fil du savoir à celui du cœur, on ouvre automatiquement les portes de la caverne d'Ali Baba ! L'alliance de dingue ! Uriel dissipe les doutes (parce que c'est chiant, les doutes) en nous aidant à voir la vie comme un jeu, où tout n'est qu'expérience pour notre âme. Pas de bon ou de mauvais choix, juste le choix de l'expérimentation. Et si je n'aime pas ce que j'expérimente, inutile de chialer, j'ai juste à changer ! *Adios* culpabilité, regret et remord.

Quand j'active ce pote en ciel, j'ai l'image d'un grand cœur qui apparaît (#coeurforever). J'aime rapprocher cette image à la vision 5D, ou vision du cœur. Nous sommes dans une époque qui nous pousse à mettre les lunettes du cœur pour avancer, c'est une vision globale qui nous plonge dans une arborescence de compréhension spirituelle. Nous ne pouvons plus nous contenter de, nous devons ÊTRE. La vision de Jérôme devient trop étriquée, comme si j'essayais d'enfiler un slim taille 36 alors qu'en réalité je fais un 40. Avec Jérôme, je boudine. Il est le porte-parole de la vision 3D, ou vision de l'ego, où on ne voit pas plus loin que le bout de son tarin. Avec la vision du cœur (ou 5D), on s'offre une dose de compréhension, de compassion, d'empathie, d'amour, de joie, de créativité et de tolérance. On se donne un max de *love* et on s'autorise à rayonner ce *love* autour de nous.

Uriel nous accompagne donc sur ce chemin si savoureux, transformant les jugements en apprentissages nous permettant de grandir et d'être davantage dans le cœur. Cet alchimiste pointe de ses ailes une notion très importante, celle du pardon. Lorsque notre cœur est blessé par une situation ou une personne, nous éprouvons bien souvent de la rancœur. Cette rancœur nous bouffe de l'intérieur, attise le désamour de soi, mais également des autres. Elle agit tel un filtre qui va dessiner, de manière précise et limitante, notre vision du monde. Quand Jérôme monte au front parce qu'il refuse d'accepter l'inacceptable, Pénélope sait que chaque expérience détient sa dose de savoir, et l'énergie d'Uriel peut clairement (je pèse mes mots) nous aider à intégrer ce savoir de manière constructive. Et la paix peut enfin s'installer. C'est le pass pour se sentir plus léger, car la vision de nous-mêmes ne relève plus de nos expériences mais de nos apprentissages d'âme. Et c'est ainsi que l'on atteint ladite « sagesse ».

L'AMOUR AVEC UN GRAND CŒUR
ALLÉLUIA, ALLÉLUIA, ALLÉÉÉÉÉÉLUIIIIIA !

Alors, j'aurais tendance à vous dire, mes très chères pépites, dans toutes situations intérieures ou extérieures contenant du désamour, faites appel au pote en ciel Uriel !

Amis célibataires, il saura vous guider vers l'amour en vous montrant tout ce qui n'est pas amour chez vous ! Bah oui, rien n'est servi sur un plateau d'argent ! De la conscientisation naît le changement ! Repensez à l'exemple de Cathy, en début de livre, trouver l'amour lui a demandé de suivre le jeu de piste du cœur, en faisant appel à Uriel, vous lancez les dés !

PETIT TOP'HAUT SUR L'ABONDANCE

On ne reçoit pas l'abondance, on s'ouvre à elle. Créer de l'abondance dans sa vie est une question de posture et d'état d'esprit.

Nous avons tous droit à cette fantastique caverne d'Ali Baba qui nous permet de kiffer la matière, nos relations, nos activités et nos entreprises et de jouir (oui, oui) de tout un tas d'émotions *full positive*. Nous sommes de véritables machines à CRÉER, et, pour faire vibrer l'abondance dans sa vie, il faut incarner cette abondance dans les moindres pensées du quotidien. En décidant d'arrêter de faire pleurer mon téléphone intérieur, je réactive mon pouvoir créateur.

Je l'ai moi-même expérimenté, il y a quelques années, alors que « rien » ne semblait être vraiment abondant dans ma vie... J'ai renversé la vapeur en mettant de l'amour sur toutes mes ombres : visions de moi, jugement des autres, rancœurs du passé, pétages de plombs, et en écoutant activement mes états intérieurs afin de pouvoir y répondre de manière juste. En toutes situations, je me suis posé cette question : « Est-ce que cette perception m'aide à me sentir épanouie ou au contraire à m'encroûter ? »

Car, si j'ai bien une liberté, c'est celle de percevoir les choses comme bon me semble.

Prenons quelques exemples simples : conscience de pauvre vs conscience de riche – le match de catch !

- Si je me trouve moche et incompétente, cela reste ma perception et je n'ai pas besoin d'avoir fait de grandes études pour savoir que cette perception-là va me limiter dans bien des entreprises, n'est-ce pas ? (#consciencedepauvre). Il n'y a que moi qui puisse décider de me percevoir de manière plus aimante (#consciencederiche). On vote Uriel !
- Si je suis à la dèche financièrement, j'ai le choix de penser que « la vie est difficile et que tout est injuste, que moi je ne mérite pas » ou de regarder l'apprentissage que j'ai à faire de cette situation pour pouvoir en sortir. La première vision freine, la seconde crée. On vote Uriel !
- Si je vis une relation dite « toxique » avec mon partenaire, j'ai le choix de penser que « je ne mérite pas mieux » ou de regarder ce que cette expérience m'apprend sur moi et mes fientes de désamour. On vote Uriel !

Uriel nous aide à percevoir les choses de manière constructive et aimante, ni plus ni moins.

J'ai envie d'ajouter une petite chose, histoire de casser 2-3 idées toutes faites nous poussant parfois au perfectionnisme spirituel : je ne suis pas Jésus, et vous n'êtes pas Jésus ! Personne ne vous demande d'être parfait pour « vivre » l'abondance ! Vous devez simplement apprendre à aimer votre chaos intérieur pour le transformer. Le miel n'existerait pas sans le vinaigre, ni même le beau sans le moche. Vous vous trouvez moche ? Eh bien, acceptez de vous trouver moche et décidez de changer cela. C'est l'amour qui a transformé le crapaud en prince.

LE MESSAGE D'URIEL

« La vie terrestre est un assemblage d'expériences en lien avec ce que votre âme est venue chercher : l'Amour avec un grand A. Semblable à des Lego, c'est vous qui décidez d'assembler vos expériences sur le siège de votre conscience, comme bon vous semble. Moi, Uriel, je vous aide à développer l'amour en vous, et donc à l'extérieur de vous. J'illumine de ma connaissance toutes situations bercées de confusion et qui n'aident pas votre pleine expansion. Je vous aide à comprendre ce que vous avez à apprendre. À accepter le chaos pour laisser entrer le beau. De la compréhension naît la transformation. Je vous libère de vos perceptions biaisées par les doutes. Je vous permets de vous regarder tel que vous êtes, dans la pleine acceptation de votre potentiel, dans l'amour sacré que vous devez vous porter, celui qui vous aide à avancer. Moi, Uriel, je guide votre conscience en des terres lumineuses, loin des lourdeurs de vos illusions terrestres. J'ouvre les portes de votre sphère d'abondance, par ce recul que l'on se doit de porter sur le monde. Moi, Uriel, je vous aide à développer amour et compassion, bien au-delà de votre propre raison, pour que l'énergie de vie puisse enfin couler en vous à foison.

Visualisation pour ouvrir les portes de l'abondance avec le pote en ciel Uriel

Fermez les yeux et prenez une grande inspiration. Portez votre attention dans votre espace personnel, au niveau du chakra du cœur, conscient de la position de votre corps, de votre respiration et des battements de votre cœur.

Faites quelques respirations, en conscience, pour laisser le calme s'installer en vous. Visualisez une porte au niveau de votre cœur. derrière cette porte se trouvent toutes vos richesses intérieures et l'énergie d'amour qui les accompagne. Tel un sésame, vous vous trouvez devant la porte de votre caverne d'Ali Baba! Faites appel à l'énergie de l'archange Uriel, afin de vous aider à pousser la porte de votre caverne, et prononcez les mots magiques: «Sésame, ouvre-toi!» La porte s'ouvre, vous êtes ébloui de lumière, et Uriel en favorise sa diffusion dans chaque cellule de votre corps! Vous devenez de plus en plus lumineux, vous devez abondance. Uriel vous souffle à l'oreille des mots qui représentent l'abondance pour vous! Vous les intégrez dans votre caverne d'Ali Baba. Prenez le temps de bien les ressentir.

Puis ouvrez les yeux et répétez à haute voix la phrase suivante:

«Je suis abondance dans mes différents corps énergétiques. Je suis connecté à l'énergie de l'archange Uriel, et tout est parfait!»

TR'ANGES DE VIE

Quand et comment faire appel au pote en ciel Uriel ?

QUELQUES EXEMPLES...

Dans chacune de ces situations, rappelez-vous qu'il est essentiel de se poser et de créer un espace de réception. On ne demande avec le cœur qu'en prenant le temps de se connecter à lui ! Fermez les yeux, respirez et laissez-vous guider. Faites-vous confiance, toutes les réponses sont en vous !

QUAND LE DOUTE S'INSTALLE

Exemple : « Je n'arrive pas à prendre de décisions, car je passe mon temps à douter et à me remettre en question. Je réfléchis beaucoup, mais n'avance pas vraiment. »

J'active mon pote en ciel : « Archange Uriel, aide-moi à me connecter à mon cœur afin de voir ce qui est bon pour moi. Permets-moi de prendre des décisions alignées à mes véritables désirs, dans la légèreté de l'expérience. Merci. »

Je note ici la situation dans laquelle je doute, ainsi que les idées, sensations et images qui viennent à moi à la suite de ma demande:

PARDON

Exemple: «J'en veux terriblement à mon ex pour tout ce qu'il m'a fait.»

J'active mon pote en ciel: «Archange Uriel, aide-moi à me libérer de la rancœur que j'entretiens envers... (citer le nom de la personne). Je souhaite me sentir en paix intérieurement, je souhaite m'offrir le don du pardon. Merci.»

Conseil

Le pardon est un processus qui demande du temps. Pardonner, c'est se délester d'anciens boulets, c'est cesser d'entretenir et de nourrir en soi des émotions «limitantes», qui nous empêchent d'avancer sereinement. C'est ne plus laisser le pouvoir à quelqu'un ou à une situation d'avoir un impact sur nous, dans l'instant présent, sur l'amour de soi, sur l'image que l'on a de soi. Pardonner, c'est libérer. Faites-en le souhait et vous serez exaucé.

OUVRIR LA SPHÈRE DU « RECEVOIR »

Exemple: «Je sais donner, mais j'ai des difficultés à recevoir (compliments, attentions, aides, services). J'ai l'impression de ne pas mériter. »

J'active mon pote en ciel: «Archange Uriel, permets-moi d'accueillir ce qui m'est donné avec joie. Aide-moi à me donner la valeur qui me revient de droit et ainsi ouvrir les portes de la caverne d'Ali Baba. Merci.»

Conseil

Choisissez votre mantra et répétez-le chaque jour :
« Je suis amour. »
« Je mérite de recevoir le meilleur. »
« J'ai de la valeur et je mérite le meilleur. »
« Mon cœur s'ouvre, et je reçois facilement tous les cadeaux de la vie. »

Vous pouvez également écrire votre propre mantra, celui qui représente pour vous l'ouverture du recevoir !

VALEUR PERSONNELLE

Exemple: «Je ne m'aime pas. Je n'ai pas conscience de ma valeur. D'ailleurs, de quelle valeur parle-t-on? »

J'active mon pote en ciel: «Archange Uriel, aide-moi à me donner un max de *LOVE*. Entoure-moi de pensées et d'attentions aimantes. Aide-moi à voir ma véritable valeur pour que je puisse recevoir des présents à la hauteur. Merci.»

Conseil

On ne peut transformer ce que l'on n'accepte pas. Alors acceptez une bonne fois pour toutes ce qui vous fait souffrir, et couchez-le sur papier (par le biais d'une lettre, par exemple). Partagez à l'archange Uriel tout ce que vous ressentez et demandez-lui de transformer ce plomb en or.

LE CHAMP DES IMPOSSIBLES

Exemple: «Je me sens bloqué dans ma vie. Tout est compliqué, j'ai l'impression d'être enfermé dans une petite boîte, de subir.»

J'active mon pote en ciel: «Archange Uriel, aide-moi à m'ouvrir à la vision du cœur. Aide-moi à sortir des carcans de mon mental, de ma vision restreinte. Transforme mes impossibles en champ des possibles. Merci.»

Je note ici toutes les idées créatrices (ces idées qui me donnent envie de prendre ma vie en main) qui viennent à moi, les jours suivant ma demande (et je les mets en place):

Exemple: «Mes pensées sont limitantes, et je crée de la bouse. Je souhaite me reconnecter à mon pouvoir créateur et créer une vie canon!»

J'active mon pote en ciel: «Archange Uriel, aide-moi à avoir la bonne vision. Aide-moi à nourrir des pensées abondantes, qui me permettront d'acter pour que mes rêves deviennent réalité. Merci.»

Conseil

Tout est question de priorité. Il n'y a pas de bonne ou mauvaise route. Notez ici ce qui est important pour vous, ce que vous souhaitez vivre dans les prochains mois, ainsi que les premières actions à poser vous permettant d'avancer vers le sommet de vos aspirations.

....

....

....

....

....

....

....

HISTOIRE D'AMOUR

Exemple: «Je souhaite rencontrer le bon partenaire pour moi et vivre l'amour.»

J'active mon pote en ciel: «Archange Uriel, aide-moi à m'ouvrir à l'amour et mets-moi sur le chemin de la personne qui est bonne pour mon évolution actuelle. Merci.»

Conseil

L'amour est un jeu qui, avant de découvrir l'autre, vous demandera de vous découvrir vous-même. L'énergie d'Uriel vous montrera les différentes étapes à traverser. Ayez confiance et suivez-les, sans juger.

Dans chacune de ces situations, l'énergie du pote en ciel Uriel nous invite souvent à un travail de dépouillement et/ou développement personnel. Car la vision du cœur demande de regarder la vie avec le cœur. Œuvrer avec Uriel nous offre une bonne dose de prises de conscience que vous ne pourrez valider que par votre propre bien-être intérieur. Faites-vous confiance, si une pensée vous fait du bien, c'est qu'elle est juste pour vous. Votre soif de compréhension et de connaissance va très certainement augmenter. Commencez par le sujet qui vous interpelle le plus. Livres, vidéos, conversations « au hasard », stages, conférences... L'énergie d'Uriel activera en vous les pistes et clés vous permettant de parcourir le chemin du savoir de l'humanité.

Chapitre 18

Archange Métatron
le visionnaire

SUPER-POUVOIRS

Connexion à la source - nettoyage cellulaire - hypersensibilité

MANTRA

« Je suis connecté ! »

L'archange Métatron est le pote en ciel qui nous connecte à notre plus haute fréquence vibratoire. Je ne peux m'empêcher de sourire en pensant à lui, car très souvent, lorsque je l'invoque, j'entends la fameuse phrase : « E.T. téléphone maison ! » Et c'est exactement cela ! L'énergie de Métatron est un pont vers la Source, nous offrant compréhension spirituelle, regain d'énergie vitale et « débouchage » de la tuyauterie subtile. Avec Métatron, on agit en profondeur, car on touche directement le cœur du cœur de la Source, de la batterie énergétique, de la *Madre* vitale ou de Dieu – appelez cela comme vous voulez. Pas de chichis, il nous permet de mettre de la subtilité dans la densité de notre corps, qui semble parfois bien lourd et gras pour notre âme. Voyez l'archange Métatron comme une énergie très accessible qui permet de décrasser la bagnole et de mettre de l'essence dans le réservoir quand on se sent à plat ! J'aime bien Métatron. Imaginez deux secondes

Pénélope, usée par son ascenseur émotionnel, elle se perd, se retrouve, se re-perd et se re-retrouve… C'est très fatigant, ces ajustements âme-corps. Eh bien, notre petite « Péné » appelle l'archange Métatron qui va l'aider à se réaligner, à ne plus s'éparpiller dans tous les sens, à retrouver le sens des priorités et la concentration pour mettre en place ses objectifs. Il l'aide à se débarrasser des futilités pour aller « droit au but », sans l'Olympique de Marseille, et avec pep's. Un vrai contrôle technique ! J'imagine une prise lumineuse permettant le lien entre le chakra coronal et le centre de la Source ! Ce lien Ciel-Terre est un véritable « boost » pour notre motivation personnelle, car une fois aligné à son essence et détaché de tout ce qui brouille la fréquence de l'âme, on peut tracer sa route avec entrain, motivation et *good vibe* ! Métatron est donc un bon coup de pied au derrière, mais avec le sourire, les pépites !

Vous remarquerez qu'avec cette énergie, tout est très imagé.

L'archange Métatron est d'une grande aide pour les personnes à la sensibilité aiguisée qui ont du mal à la canaliser et qui se laissent déborder par leurs émotions. Il apaise le trop-plein énergétique et nous permet d'utiliser cette boussole émotionnelle à bon escient. Il nous offre donc la conscience de nos ressentis qui guident notre âme dans cette incarnation. Lorsque vous sentez que tout « pète » de l'intérieur, vous pouvez activer ce pote en ciel afin de retrouver l'équilibre (#zenattitude).

Au-delà de la gestion émotionnelle, j'aime bien travailler avec Métatron lorsque je sens qu'il y a de la friture sur la ligne céleste, que les tuyaux subtils sont bouchés. Parfois, on peut se sentir « déconnecté » de son équipe lumineuse, *alone in the middle of nowhere*. On s'imagine que la *Light team* a pris un aller simple pour Tahiti, nous laissant seul en terre hostile. En réalité, c'est devant notre porte que nous devons balayer, vous l'aurez compris. Trop d'émotions et trop de prises de chou peuvent venir boucher nos différents « clairs » (clairvoyance, clairaudience, clairsentience, clairconnaissance), comme les feuilles en automne dans les gouttières ! L'énergie de Métatron active en nous le grand nettoyage cellulaire, accumulé depuis plusieurs vies parfois, afin d'inonder de lumière nos potentiels subtils et internes.

PETIT TOP'HAUT SUR L'HYPERSENSIBILITÉ

Ma sensibilité a longtemps été vécue comme une plaie. Mes volumes intérieurs sont souvent à fond, ce qui me fait péter la joie quand j'apprends une bonne nouvelle, et pleurer à chaudes larmes quand je me sens contrariée. Déroutant. Je parle avec conviction des sujets qui me tiennent à cœur et je monte sur mes grands chevaux lorsque je ne me sens pas « en phase » avec ce que je vois ou entends. J'ai appris à dompter cette sensibilité au fil du temps, car elle me donne de précieuses informations sur ce qui est bon pour moi et ce qui ne l'est pas, les bons sens et les non-sens. Elle m'oblige, de par mes émotions, à rentrer toujours plus en connexion avec mon âme. Puis on relativise avec le temps, se sentant fier de n'être ni un mouton ni un robot. À l'heure actuelle, il y a énormément d'enfants hypersensibles et donc... de parents démunis. Chaque génération apporte sa dose de nouveauté et nous pousse à faire preuve d'ouverture. Ce n'est pas aux nouvelles âmes de s'adapter à nous, mais à nous de s'adapter à elles. J'entends par là que les enfants du nouveau monde ont des capacités supérieures aux nôtres, cela fait partie de l'évolution, nous devons faire un pas vers eux afin de déployer un peu plus nos ailes (puis, si on peut leur épargner une vie de « décrottage » de transmissions limitantes, c'est bien aussi). La taille du corps ne reflète pas la grandeur de l'âme qui l'incarne. Cette hypersensibilité nous déstabilise, nous qui avons été élevés par une génération totalement coupée de ses émotions, comment ne pas se sentir désorienté ?

Vouloir faire rentrer nos enfants dans des cases qui n'ont pas bougé d'un pet depuis des siècles est complètement illusoire et creux de bon sens. Par eux, nous nous ouvrons à une nouvelle forme d'éducation, de sensibilité et de potentiel. Métatron accompagne les personnes hypersensibles, et donc les parents d'âmes hypersensibles, pour que nous trouvions les solutions justes afin de permettre aux pleins potentiels de nos enfants de se déployer et d'irradier pleinement.

LE MESSAGE DE MÉTATRON

« Vu d'en haut, tout est beau. Tel un oiseau, je déploie mes ailes pour parcourir les frontières et me délecter des courbes généreuses de notre chère Terre Mère. Je suis l'archange Métatron, et m'invoquer, c'est s'envoler. Je suis le tube de lumière vous permettant de vous reconnecter à votre énergie vitale, à votre guidance intérieure. Je nettoie et clarifie, sans détours, en connexion avec la Source. Je suis le fil d'or vous aidant à régénérer chacune de vos cellules. Je vous aide à investir et à maîtriser votre énergie vitale. Je vous en permets la canalisation, la concentration, afin que chaque action dûment sélectionnée soit abordée dans l'essence de cette énergie. Je balaie l'éparpillement. Je permets la juste répartition de l'espace-temps vous permettant de tout réaliser dans la justesse de vos journées. J'aiguise votre sensibilité et vous aide à manier cette précieuse arme dans l'amour de votre faveur. Moi, Métatron, gardien de votre plus haute vibration, je vous en permets en tout temps la connexion et la diffusion pour que chaque geste soit à la hauteur de votre potentiel.

Cher cousin terrestre, je me sens si proche de toi. Je connais l'expérience qui est tienne, je l'ai également traversée. Tends-moi la main sans relâche, et je t'apprendrai à développer les ressources en toi afin de voler de tes propres ailes. »

Visualisation pour se connecter à sa plus haute fréquence vibratoire avec le pote en ciel Métatron

Fermez les yeux et prenez une grande inspiration. Portez votre attention dans votre espace personnel, au niveau du chakra du cœur, conscient de la position de votre corps, de votre respiration et des battements de votre cœur.

Faites quelques respirations, en conscience, pour laisser le calme s'installer en vous. Demandez à l'énergie de l'archange Métatron de venir à vous, afin de vous connecter avec votre plus haute fréquence vibratoire, afin d'activer votre dieu ou votre déesse intérieur·e. Visualisez une petite porte s'ouvrir sur le sommet de votre crâne. C'est la porte de votre chakra coronal. Un tube de lumière sort de cette porte pour aller se brancher à la Source. Cette reconnexion augmente instantanément votre fréquence vibratoire. Autorisez-vous à vous sentir grandir et prendre de la place. La Source alimente vos différents corps, profitez-en. Le lien entre le Ciel et la Terre se renforce.

Puis ouvrez les yeux et répétez :

« Je suis en lien avec ma plus haute fréquence. Je suis connecté à l'énergie de l'archange Métatron, et tout est parfait ! »

TR'ANGES DE VIE

Quand et comment faire appel au pote en ciel Métatron ?

QUELQUES EXEMPLES...

Dans chacune de ces situations, rappelez-vous qu'il est essentiel de se poser et de créer un espace de réception. On ne demande avec le cœur qu'en prenant le temps de se connecter à lui ! Fermez les yeux, respirez et laissez-vous guider. Faites-vous confiance, toutes les réponses sont en vous !

ÉPARPILLEMENT

Exemple : « Je ressemble à une cocotte-minute prête à péter, j'ai de l'énergie à revendre, mais je m'éparpille en broutilles. »

J'active mon pote en ciel : « Archange Métatron, aide-moi à canaliser mon énergie. Donne-moi les moyens de me stabiliser intérieurement et de l'utiliser à bon escient.

Conseil

Il y a un équilibre à trouver entre l'énergie que l'on reçoit et celle que l'on dépense. Équilibre Ciel-Terre. Certaines personnes reçoivent beaucoup d'énergie, car elles sont très connectées à la Source. Toutefois, Lorsque le corps physique ne s'exprime pas suffisamment, le trop-plein énergétique se fait! Comparons cela à une voiture dans laquelle on mettrait du carburant alors que cette dernière reste au garage... Le réservoir finirait par déborder. Quand vous vous sentez «bousculé» intérieurement, revenez au corps, à l'ancrage et à la dépense énergétique par le biais d'activités qui impliquent le corps.

GESTION DES ÉMOTIONS

Exemple: «Ma boussole émotionnelle me fait défaut. Je subis mes vagues émotionnelles, tout en joie et tout en peine.»

J'active mon pote en ciel: «Archange Métatron, aide-moi à accepter mes émotions et à les entendre comme les vaillants porte-parole de mon âme. Merci.»

Conseil

Une émotion exprime toujours un plaisir ou déplaisir de son âme. C'est une information importante, telle une boussole qui me donnerait mon nord. En apprenant à les observer comme une piste d'évolution, on en fait une force et non une faiblesse. Lorsque vous traversez une émotion, prenez quelques instants pour vous isoler et demandez à l'énergie de Métatron de vous en donner la signification, afin de répondre au besoin de votre âme. Puis notez ci-dessous et page suivante ce qui vient à vous, les jours suivant votre demande.

ENFANT HYPERSENSIBLE

Exemple: «J'ai des difficultés à gérer l'hypersensibilité de ma fille qui est "hyper-tout". Je ne sais pas quoi lui proposer pour son épanouissement.»

J'active mon pote en ciel: «Archange Métatron, montre-moi comment apporter le meilleur à mon enfant en m'orientant vers les bonnes méthodes, activités et transmissions. Merci.»

Je note ici les idées, pensées et synchronicités qui viennent à moi, les jours et semaines suivant ma demande :

NETTOYAGE DE PRINTEMPS (CELLULAIRE)

Exemple: «Je me sens parasité de la tête aux pieds. Des émotions lourdes et profondes (peur, colère, tristesse) remontent à la surface. Quand je m'interroge sur le pourquoi du comment, je me dis que cela vient très certainement de mes vies passées, car mon volume intérieur est à fond!»

J'active mon pote en ciel: «Archange Métatron, je demande à me connecter à l'énergie de la Source afin de purifier tous mes corps énergétiques dans les différentes sphères de l'espace-temps. Que ton énergie puisse nettoyer ce qui doit être nettoyé dans chacune de mes cellules et ainsi laisser place à ma pleine lumière. Merci.»

Conseil

Pour procéder à ce nettoyage, mettez-vous au calme, fermez les yeux et respirez tranquillement. Vous pouvez visualiser une lumière dorée ou violette descendant tout droit du ciel et traversant votre chakra coronal pour imprégner et baigner chaque cellule de votre corps. Cette lumière dissipe peu à peu vos ombres, vous permettant ainsi de rayonner pleinement. Ce nettoyage peut prendre quelques minutes. Écoutez votre intuition et savourez ce moment avec l'énergie de Métatron!

FAIRE PÉTER SES VIBRATIONS

Exemple: «Je ressens le besoin d'augmenter mon taux vibratoire pour être dans une belle énergie, car, dernièrement, les *bad vibes* ont pris le dessus.»

J'active mon pote en ciel: «Archange Métatron, je demande à recevoir ton énergie de folie afin d'augmenter mon taux vibratoire. Permets-moi de baigner dans les *good vibes* et de prendre de la hauteur. Merci.»

Conseil

Cette demande peut se faire par le biais d'une méditation ou d'une promenade en nature. Gardez à l'esprit l'image du papillon qui sort de sa chrysalide. Lorsque vos énergies personnelles sont basses, vous êtes enfermé dans le cocon. En augmentant votre vibration, vous êtes tel le papillon qui sort de ce cocon pour retrouver sa liberté et sa connexion au ciel.

CONCENTRATION

Exemple: «Je n'arrive pas à me concentrer, car mon esprit part dans tous les sens. Je souhaite avancer sur mon livre, mais je me trouve toujours de bonnes excuses pour ne pas le faire.»

J'active mon pote en ciel: «Archange Métatron, je te demande de créer tout autour de moi une bulle de concentration lumineuse. Dans cette bulle, je suis protégé de mes idées parasites et de tout ce qui m'empêche d'atteindre ma pleine réalisation! Connecté à la Source, j'œuvre dans la lumière des *good vibes* de mon âme. Merci.»

Conseil

Visualisez cet espace lumineux de concentration chaque fois que vous avez besoin d'effectuer une tâche sans vous éparpiller. Une fois réalisée, remerciez l'énergie de l'archange et sortez de votre espace.

L'énergie du pote en ciel Métatron est très liée à la visualisation. Si la visualisation n'est pas votre truc, posez simplement l'intention de... Et cela fonctionnera tout autant.

Métatron vous demandera toujours un investissement « physique » (tout comme l'énergie de Sandalphon), soit en intégrant une méditation à vos demandes, soit en sortant prendre l'air, en vous défoulant ou en imageant, car c'est ainsi que se crée l'équilibre de l'âme incarnée. Cette énergie est très certainement la plus « perchée », et sa vibration est très élevée. C'est en ce sens que votre investissement corporel est de mise, toute forme d'équilibre se crée dans la matière. Soyez donc attentifs aux idées « terre à terre » qui viennent à vous une fois ce pote en ciel activé. Contre toutes attentes, elles sonneront très certainement le glas de votre équilibre intérieur.

Chapitre 19

Archange Chamuel
le détective lumineux

SUPER-POUVOIRS
Sens de la vie - paix dans le monde - *LOVE*
MANTRA
« Je brille ! »

L'archange Chamuel est le pote en ciel qui active en nous l'énergie *Peace and Love. We are the World!* Tous ensemble, tous ensemble... Hey, hey !

Comparable à une part de cheesecake aux spéculoos, on a envie de croquer dedans sans se poser de questions. *No guilty!* Je le vois comme un détective lumineux, recherchant constamment le meilleur du meilleur pour chaque âme, afin de faire régner la paix dans le monde. Car, si je suis bien, si vous êtes bien et si tout le monde est bien, il n'y a clairement plus de raison de se mettre des claques, n'est-ce pas ? *Adios*, Jérôme !

La paix est donc son credo !

Chamuel nous aide à dissiper les énergies du bas astral qui sont engendrées par la peur et qui créent malheureusement les différents conflits dans le monde. Son énergie nous permet de lutter contre le chaos afin de ne pas se laisser happer par son tourbillon négatif. Guerres, conflits d'intérêts, pouvoirs, dominations, pauvreté, pollution... Avec Chamuel, on retrousse ses manches et on œuvre pour un collectif lumineux, pour la protection de la Terre et l'entraide des âmes incarnées. Cette énergie nous reconnecte au collectif, 100 % *love* et 100 % *sunshine*. Au moment où je vous écris ces lignes, j'entends le terme « effet papillon » (nous y reviendrons). Chamuel nous enseigne la loi de cause à effet qui dit que nous créons tous à notre niveau la réalité qui nous entoure. Quand Jérôme se sent victime écœurée et dépitée du monde actuel, Pénélope joue les colibris et assume son pesant d'or ou de plomb (ça arrive) dans la matérialisation de son environnement !

Mais, alors... comment trouver cette fameuse paix ? Pour que la paix se matérialise à l'extérieur de nous, elle doit tout d'abord prendre racine en nous. Pour se faire, Chamuel nous offre un précieux cadeau : le sens de notre existence !

À la question : « Qu'est-ce que je fous ici ? » Chamuel appuie sur le bouton : « Écoute, bébé, je vais tout t'expliquer ! »

Du sens naissent l'espoir et l'envie d'avoir envie (merci, Johnny). Trouver le sens de son incarnation est une quête qui nous attise tous, et mettre le doigt dessus fait instantanément jubiler notre âme en un soupir de soulagement : « Ouf, y a donc une raison ! » Alléluia ! Je peux danser la vie puisque tout est juste !

Il nous aide également à trouver le sens d'une rencontre, d'une relation, d'un déboire, d'une expérience considérée comme déplaisante par Jérôme... Bref, il dresse la carte du monde de notre âme. Et ça fait du bien.

L'énergie de Chamuel accompagne les âmes qui ont à cœur un monde meilleur et qui souhaitent s'engager dans le collectif lumineux. Le monde a besoin de lumière, c'est certain.

SEUL, ON VA PLUS VITE ; ENSEMBLE, ON VA PLUS LOIN. CŒUR *FOREVER*

Quand j'ai commencé à travailler avec l'énergie de Chamuel, je ne savais pas trop à quoi m'attendre et, d'ailleurs, je ne m'étais pas spécialement renseignée à son sujet, car j'aime expérimenter par moi-même. J'étais en vacances au Mexique et je lui demandais, chaque soir, d'activer en moi son super-pouvoir. Mais quel super-pouvoir ? Surpraïse !

Les jours qui ont suivi ma demande, je me suis sentie très mal... J'étais particulièrement touchée par la détresse du monde, le déversement de haine qui dépasse les frontières, le gouffre médiatique qui met en avant la peur, la bêtise, les deux, en une crise existentielle qui détruit peu à peu l'humanité. Je me suis sentie toute petite et impuissante, moi qui menais ma barque tranquilou bilou. Une ouverture s'est créée en moi. Elle était douloureuse mais nécessaire. Accepter le chaos pour œuvrer en grand, pour et par l'amour, avec la puissance du collectif. Je me suis instantanément promis un engagement pour la Terre et les hommes, bien plus grand que ce que je faisais déjà. Puis, en lisant quelques récits sur Chamuel, j'ai compris, et c'était dingue ! C'était lui, bon sang ! Il est depuis toujours perçu comme l'énergie qui œuvre pour un collectif lumineux, qui balaye le bas astral et protège la Terre ! Il a activé toutes ces forces en moi et m'a reconnectée au sens profond de mon existence : l'amour, quoi qu'il advienne !

Ceci étant dit, et c'est formidable, je vous l'accorde (et très utile par les temps qui courent), il joue également les saint Antoine de Padoue et nous aide à retrouver les objets perdus ! J'aime tellement saint Antoine et son professionnalisme sans failles que je n'ai pas vraiment testé Chamuel sur ce créneau, je vous laisserai donc juger par vous-même.

Enfin, et comme il donne du sens à la mappemonde de chaque âme, l'énergie de Chamuel active le lien invisible, mais bien présent, avec nos sœurs d'âme. On l'associe souvent à la rencontre de l'âme sœur, de la personne parfaite pour nous, de l'amoureux transi. Je préfère considérer ce lien de manière beaucoup plus grande et beaucoup plus éparse. Nous avons plusieurs sœurs d'âme, des personnes qui nous aident à évoluer et qui ont semé une sacrée graine sur notre chemin de vie, dans la joie ou la peine. Rencontrer une sœur d'âme, amoureusement ou amicalement, est toujours très puissant. On a la sensation de se connaître, de se comprendre, et on se dit automatiquement : « C'est pas un hasard, cette rencontre. » Ni plus ni moins, et c'est déjà bien ! Avec Chamuel, on attire à soi ses sœurs d'âme !

PETIT TOP'HAUT SUR LA LOI DE CAUSE À EFFET

Connaissez-vous « l'effet papillon » ? C'est une expression inventée par Edward Lorenz qui explique qu'un battement d'ailes de papillon au Brésil peut provoquer une tempête au Texas. En gros, il suffit de modifier de façon minime un paramètre dans un modèle météo pour que celui-ci prenne de l'ampleur et provoque, à long terme, des changements énormissimes. Cette notion est, bien évidemment, transposable aux sciences humaines, et lorsqu'on s'ouvre à la spiritualité, on se rend vite compte que nos pensées dirigent à la perfection nos actions, mais également la matérialisation de tout notre environnement ! Lorsque je suis de bonne humeur, par exemple, je souris facilement et je dégage de la *good vibe*. Les gens que je croise le sentent et se mettent souvent au diapason de cette belle énergie. Oui, un sourire, c'est comme un *high five*, on a envie de checker direct ! L'inverse est tout aussi vrai : quand je suis de mauvaise humeur, bizarrement, je ne croise que des « cons », et les pépins du quotidien semblent s'être donnés le mot. Regardez à quel point nous sommes de parfaits créateurs ! Du coup, il est important de comprendre que chaque âme incarnée a son rôle à jouer sur Terre, et cela commence par les pensées que l'on nourrit et les propos que l'on tient. Cette diarrhée terrestre à laquelle nous assistons n'est que la conséquence de tous les pets de peur que chaque être lâche depuis des siècles. Pointer du doigt le « moche » n'a jamais rien changé. En revanche, montrer l'exemple du beau porte toujours ses fruits *(high five)*. De très belles actions pour le monde se mettent également en place. Chamuel nous aide à sortir de la peur qui ne nourrit que de la mauvaise graine en nous et nous paralyse, pour nous amener à acter sous les *sunlights* d'une vie de kif.

LE MESSAGE DE CHAMUEL

« Vous êtes le monde.

Comme dans un rouage des plus parfaits, vous avez en tant qu'âme incarnée votre rôle à jouer. Chaque âme est actrice du monde qui l'entoure, c'est votre libre arbitre qui tend à prendre ce rôle à cœur ou à peur. Moi, Chamuel, je vous montre comment tisser les mailles du filet pour que d'un rien se crée le Tout, par l'alliance et non le dégoût. Unissez-vous. Regardez votre ciel étoilé. L'étoile seule brille, mais le collectif étoilé forme de véritables constellations. Ne misez pas petit lorsque vous pouvez voir la vie en grand. Unissez-vous. Engagez-vous dans des actions qui font sens pour vous. Ne jugez pas. Acceptez-vous. Il n'y a pas de petite action, seule l'action compte. Montrez l'exemple en allumant votre propre lumière et soyez les vaillants créateurs d'un effet domino plein de saveur. Œuvrez avec sens, qu'il soit bon et prône votre Être (essence), sans se soucier de ce que cela peut bien vous apporter, car s'il est une chose profondément ancrée, c'est la loi de la causalité. Soyez magnifique dans chacune de vos cellules, honorez votre âme et ainsi dessinez en toute conscience le paysage d'amour dont vous êtes le seul peintre. De mon nom se crée la magie du lien, d'âmes, de cœurs et d'éternité, et toujours pour votre plus grand bien. »

Visualisation pour se connecter à la puissance du collectif avec le pote en ciel Chamuel

Cette visualisation peut être faite dans la nature.

Fermez les yeux et prenez une grande inspiration. Portez votre attention dans votre espace personnel, au niveau du chakra du cœur, conscient de la position de votre corps, de votre respiration et des battements de votre cœur.

Faites quelques respirations, en conscience, pour laisser le calme s'installer en vous. Demandez à l'énergie de l'archange Chamuel de venir à vous, afin de vous connecter à la puissance du collectif. Visualisez votre lumière intérieure s'allumer dans la nuit, puis remarquez que de nombreuses petites lumières s'allument, éclairant la nuit, se connectant les unes aux autres, comme des atomes. Les lumières s'unissent et apportent leur lumière d'amour tout autour d'elles et partout dans le monde. Elles éclairent les situations les plus obscures, les peurs les plus denses, les guerres, les famines. Prenez le temps de visualiser ce collectif lumineux qui œuvre pour la paix et l'amour. Votre lien avec toutes les âmes de lumière se renforce. Vous êtes prêt à rencontrer vos sœurs d'âme et à œuvrer avec elles pour l'Amour.

Puis ouvrez les yeux et répétez :

« Je suis connecté à la puissance du collectif lumineux. Je suis connecté à l'énergie de l'archange Chamuel, et tout est parfait ! »

TR'ANGES DE VIE

Quand et comment faire appel au pote en ciel Chamuel ?

QUELQUES EXEMPLES...

Dans chacune de ces situations, rappelez-vous qu'il est essentiel de se poser et de créer un espace de réception. On ne demande avec le cœur qu'en prenant le temps de se connecter à lui ! Fermez les yeux, respirez et laissez-vous guider. Faites-vous confiance, toutes les réponses sont en vous !

PROBLÈME DE SENS

Exemple : « Ni sens ni goût, je me demande ce que je fais ici sur Terre. J'ai besoin de trouver mon nord dans cette vie et de lui donner tout son sens. »

J'active mon pote en ciel : « Archange Chamuel, aide-moi à me connecter à ce qui fait sens pour moi. Montre-moi ce qui est important pour mon âme et les actions à mettre en place pour y répondre. Merci. »

Je note ici les idées, pensées et synchronicités qui viennent à moi, les jours et semaines suivant ma demande :

PAIX INTÉRIEURE

Exemple: «Je me sens constamment en conflit: avec les autres, avec le monde, avec moi-même. J'ai besoin de retrouver ma paix intérieure.»

J'active mon pote en ciel: «Archange Chamuel, aide-moi à installer la paix en moi pour qu'elle se matérialise à l'extérieur de moi. Je décide d'être la paix ici et maintenant. Merci.»

Conseil

Faire cette demande le soir avant de se coucher. La nuit porte conseil. Le matin, au réveil, noter ici toutes les pensées et actions envisagées qui tendent à développer le sentiment de paix intérieure.

....

....

....

....

....

....

....

....

COLLECTIF LUMINEUX

Exemple: «Je ressens ce profond besoin de sentir le lien et d'agir pour le bien-être collectif, mais je ne sais pas comment m'y prendre.»

J'active mon pote en ciel: «Archange Chamuel, aide-moi à ressentir la puissance du lien entre les âmes. Montre-moi quelles actions je peux mettre en place afin d'œuvrer pour le bien-être collectif. Merci.»

Conseil

Chaque fois que vous souhaitez créer et/ou ressentir le collectif lumineux, 100 % *love*, faites la visualisation pour «se connecter à la puissance du collectif avec le pote en ciel Chamuel» (développée plus haut). Puis notez ici ce qui vient à vous et qui inspire votre âme les jours suivant cette méditation:

....

....

....

....

....

....

....

NEUTRALISER LE BAS ASTRAL

Exemple: «Recrudescence des peurs dans la société, trop de *bad vibes* dans les médias, je me sens happé par les mauvaises énergies environnantes. J'ai peur. J'ai besoin de me reconnecter à ma lumière et d'augmenter mes vibrations.»

J'active mon pote en ciel: «Archange Chamuel, merci d'éliminer en moi et tout autour de moi les traces et fientes du bas astral. Aide-moi à me reconnecter à ma propre lumière et à celle du collectif lumineux. Que ma lumière brille et inonde d'amour chaque personne que je croiserai aujourd'hui.»

Conseil

Afin d'accompagner au mieux votre demande, prenez un temps pour visualiser l'énergie de l'archange Chamuel se répandre en vous et tout autour de vous afin de dissiper tout ce qui n'est pas bon pour votre âme et entrave sa jolie lumière. Comme en méditation, utilisez votre respiration pour diffuser cette lumière.

LES OBJETS TROUVÉS

Exemple: «J'ai perdu un bracelet auquel je tiens beaucoup.»

J'active mon pote en ciel: «Archange Chamuel, aide-moi à retrouver mon bracelet, s'il te plaît. Merci.»

Conseil

Vous n'avez rien d'autre à faire!

RENCONTRER UNE ÂME SŒUR

Exemple: «J'ai besoin de faire rentrer dans ma vie une belle énergie d'amour.»

J'active mon pote en ciel: «Archange Chamuel, mets-moi sur le chemin d'une sœur d'âme afin que je puisse poursuivre mon évolution, dans une co-création. Merci.»

Je note ici les idées, pensées et synchronicités qui viennent à moi les jours et semaines suivant ma demande:

....

....

....

....

En travaillant avec le pote en ciel Chamuel, vous ne pourrez plus rester seul dans votre coin. Chamuel nous pousse à voir l'avenir en grand et orientera toujours vos idées personnelles pour le bien-être du collectif et de la Terre. Pour intégrer pleinement son énergie, n'oubliez pas qu'il vous sera demandé de passer à l'action, car une prise de conscience seule ne suffit pas, seule l'action transforme et crée. Chacune des actions induites et engagées doit vous procurer une grande joie intérieure et le sentiment d'utilité. Si ces deux ingrédients ne sont pas de la partie, c'est Jérôme qui tente de vous imposer encore et toujours des choses pour « faire » bien. Faites preuve de discernement ; l'âme œuvre toujours dans le plaisir, pas dans la contrainte. Et rappelez-vous qu'il n'y a pas de petites actions pour changer le monde, tels les battements d'ailes d'un papillon.

Partie 3

Annexes

Chapitre 20

50 nuances intérieures

Nous sommes une alternance. Nous sommes faits de nuances. Nous sommes le Tout. Nous sommes des âmes ayant décidé de jouer au jeu de la vie terrestre. Ce jeu si subtil et si dense à la fois, dont la réalité semble si vraie et le goût parfois si abstrait. Je touche du bout des doigts les dernières lignes de ce livre. Nous sommes le 31 décembre, j'ai l'impression d'avoir fait un marathon. Je me sens fière d'avoir développé toutes ces ressources et d'avoir réussi à les transmettre telles qu'elles m'ont été enseignées. Prenez ce qui résonne en vous, laissez le reste, seules nos convictions sont créatrices. Comme on dresse le bilan de son année, comme on savoure un brin d'objectif accompli, je soupire de plaisir. Ce soir, le champagne va péter, c'est certain. Mon regard se tourne vers le ciel, presque machinalement. Douce nostalgie... Mon cœur s'emplit de joie : *we did it!* J'ai l'impression d'avoir gagné la Coupe du monde et de brandir le trophée avec mes potes en ciel en écoutant *I Will Survive* ! *50 Nuances d'archanges* n'est que le reflet de toutes nos nuances intérieures, de tous ces potentiels présents en chacun de nous, porte d'entrée ou de sortie, tout dépend ce que l'on recherche. Et encore, je pense être bien loin du compte tant nos compétences et nos super-pouvoirs sont grands, vastes et infinis. Je ne suis qu'une croquette de partage dans cet univers de connaissance.

La vie est un jeu, et, comme dans tout jeu, nous disposons de toutes les ressources dont nous avons besoin pour passer les niveaux, répondre aux missions et avancer. Nous sommes aidés, les pépites, et nous sommes aimés. Nous sommes guidés et nous sommes soutenus. Nous sommes des magiciens qui doivent simplement apprendre à utiliser leur baguette magique et à l'orienter dans la bonne direction. Car notre pouvoir premier est celui de créer. C'est inné et cela fait partie du jeu. Comme tout apprentissage, cette co-création angélique nous demande de l'entraînement, de la foi et du cœur à l'ouvrage. Révéler le meilleur de soi est un doux mets qui se cuisine quotidiennement. Faites-vous confiance, dans vos envies et vos ressentis, dans ce qui vous fait du bien et ce qui fait sens pour vous. Vous êtes le seul à savoir ce qui est bon pour vous. Vous êtes une âme qui souhaite expérimenter. N'ayez pas peur de l'expérience. Je vous souhaite de merveilleuses révélations, à l'image d'une palette multicolore dont les nuances dessinent sur la toile les reliefs d'une vie tout en Abond'ange.

With Love.

Marina

Chapitre 21

Rituels angéliques

Petit rituel pour se nettoyer énergiquement : la douche de lumière

Douche du matin : lorsque je prends ma douche, le matin, je demande à l'énergie de l'archange Michaël de m'aider à développer ma lumière intérieure afin de me sentir en sécurité toute la journée. Je demande que les énergies toxiques se dissipent devant ma lumière. J'imagine cette lumière de cœur grandir en moi et rayonner tout autour de moi ! Mon pote en ciel m'accompagne toute la journée, et tout est parfait !

Douche du soir : lorsque je prends ma douche, le soir, je demande à mon pote en ciel de me nettoyer de toutes les énergies parasites que j'ai pu rencontrer au cours de la journée. Je demande à être purifié, pour une douce nuit réparatrice. J'imagine que l'eau de ma douche se transforme en lumière afin de dissiper toutes les zones d'ombre qui se sont cristallisées autour de mon corps.

Petit rituel pour une journée 100 % *LOVE*

Le matin, quand je suis dans ma salle de bains, comme tout le monde, je me regarde dans le miroir ! Je prends le temps de fermer les yeux et de demander à mon pote en ciel Raphaël de venir ouvrir mon cœur afin de laisser couler l'amour en moi et tout autour de moi durant la journée !

J'imagine mon cœur devenir très lumineux et j'utilise ma respiration pour inonder tout mon corps d'une enveloppe 100 % *love* !

Puis j'ouvre les yeux, je me regarde et je me dis à haute voix trois mots d'amour.

Petit rituel pour mettre de la joie dans sa vie

Chaque matin, je pose l'intention ferme de mettre de la joie dans tout ce que j'entreprends, qu'il s'agisse d'une tâche professionnelle complexe ou de simplement passer le balai dans l'appartement !

J'invoque l'énergie de mon pote en ciel Gabriel en lui demandant de réveiller ma petite fille intérieure, qu'elle puisse inspirer la femme que je suis devenue. Parce que rire est inspirant. Puis je me laisse guider et je suis mes inspirations, surtout si elles s'accompagnent d'un « ouh là là, c'est la honte » ou « tu n'as pas de temps pour ça, c'est ridicule ».

Petit rituel pour retrouver sa légèreté

Lorsque mes pensées tourneboulent et/ou que je me sens lourde émotionnellement, je prends le temps d'écrire une lettre de libération à l'archange Michaël. Dans cette lettre, je lui confie tout ce qui me pèse sur l'instant, sans complexes ni jugements. Je déverse, au fil des lignes, mon sac intérieur afin de m'alléger, comme je confierais mes états d'âme à un ami bienveillant. Je lui partage également comment j'aimerais me sentir, ce que cette libération me permettrait de vivre intérieurement. Cette lettre est un temps pour soi, un temps pour exprimer ce qui ne souhaite être réprimé. Une fois écrite, je prends le temps de me connecter à son énergie en fermant les yeux et en invitant l'archange Michaël pour ce feu d'artifice libérateur. Je prends quelques secondes à quelques minutes pour bien visualiser cette libération et lorsque j'ouvre les yeux, je brûle la lettre.

Petit rituel pour être angéliquement accompagné tout au long de la journée

Chaque matin, je demande l'assistance de quatre archanges afin de m'accompagner tout au long de la journée. Je prends cinq minutes pour me connecter à mes besoins du jour et ainsi faire appel aux potes en ciel concernés. Je peux, par exemple, m'entourer des énergies de Michaël (pour la sécurité intérieure), Raphaël (pour l'ouverture du cœur), Raziel (pour m'aider à élever ma vision) et Gabriel pour booster ma créativité. Je leur demande de venir près de moi et je les visualise m'encercler. Je prends quelques minutes pour bien intégrer leurs énergies et je déclare être prête pour une magnifique journée. Il n'y a pas de règles, vous pouvez donc vous entourer de n'importe quelle instance archangélique !

ONLY GOOD VIBES

À propos de l'auteure

Écrivant ma propre biographie d'auteure, je parlerai de moi à la première personne. Je ne suis ni la femme, ni la fille d'Alain Delon !

Non, je suis Marina Bougaïeff, kiffeuse de vie et créatrice d'ambiance intérieure.

Mon credo ? La bonne humeur ! Mon arme principale ? Un cerveau qui tourne à 360 degrés et qui se délecte de comprendre les rouages de l'humain et de l'existence.

Après des études sportives, qui m'ont surtout révélé l'art d'enseigner et de partager, mon cheminement personnel m'a amené à découvrir différentes pratiques holistiques, jusqu'aux énergies angéliques. Love Crush dans ma baraque intérieure ! J'ai alors expérimenté ma propre reconnexion intérieure, grâce à mes potes en ciel, et ma vie s'en est vue transformée. Dans le bon sens bien sûr !

Alors oui, je pourrais me targuer d'avoir tout un tas de diplômes, mais ma plus grande légitimité se trouve dans tout ce que je crée.

Telle une évidence, j'ai eu envie de transmettre tous ces apprentissages de manière concrète, accessible, créative et badine. Être spirituel c'est bien ; sans se prendre le chou, c'est mieux.

Aujourd'hui, j'anime des stages partout en France et à l'étranger, j'écris des livres, crée des méditations, propose des « ateliers connectés » et m'applique surtout à suivre mon feeling intérieur, pour qu'on puisse se marrer intelligemment tous ensemble !

Je n'ai donc qu'une seule étiquette, la mienne !

Mes autres bébés : *Communiquer avec son ange gardien et kiffer sa vie*, et *Journal d'une illuminée*, chez le même éditeur.

Site internet : www.communiquer-avec-les-anges.com
Facebook : www.facebook.com/communiqueraveclesanges/

pca
cmb
édition pré-presse
livres numériques

44400 Rezé

Achevé d'imprimer en août 2019
sur les presses de la Nouvelle Imprimerie Laballery
58500 Clamecy
Dépôt légal : août 2019
Numéro d'impression : 907333

Imprimé en France

La Nouvelle Imprimerie Laballery est titulaire de la marque Imprim'Vert®